英國下一步

後脫歐之境

What Next?

Britain's Future in Europe

Peter Wilding
彼得・威爾汀｜著　李靜怡｜譯

推薦——

「偉人之所以偉大，是因為他要追求及建立偉大的國家。英國在『脫歐公投』以後，亟需建立願景、目標、價值、信仰；人要面對現實，不然現實就面對你。本書從宏觀及歷史縱深角度切入，期許『日不落國』重拾往昔光華，持續扮演『離岸平衡手』(Off-Shore Balanc)角色。本書見解深刻、掌握主題、迎向未來，是一部探討英國未來走向的精闢好書。」

——胡忠信，歷史學家、政治評論者

「除了彼得．威爾汀以外，我不知道還有誰能摸透英國與歐洲的愛恨情仇，並且能為慘敗的留歐派提出更具遠見的未來藍圖。」

——薇琪．普萊希（Vicky Pryce），
前英國政府經濟服務部門聯合主席

「在醜陋的歐盟公投中，多數人認為投下脫歐一票就代表英國可以取回未來的掌控權。透過威爾汀精彩的辯證，我們看見此看法背後的謬誤。本書描述了長久以來英國與歐盟之間的荒謬鬧劇，而作者認為，唯有當英國清晰理解歐洲以及身處其中的位置後，才能更有效地爭取自身利益並部署實力，協助維持歐洲區域的穩定與繁榮。」

——安東尼．蓋瑞（Anthony Cary CMG），
大英國協獎學金專員、前英國駐加拿大官員與前英國駐瑞典官員

「作者以近身之距觀察歐洲事務發展，觀點積極正面。他點出局勢走壞之處，並且提出扭轉情勢的建議。這本來得及時的著作，值得一讀。」

——約翰．科爾爵士(John Lord Kerr)，
前駐美國與歐盟大使、前英國外交與聯邦事務部副國務大臣

「彼得．威爾汀以積極筆觸檢視英國與歐洲之間的動盪關係，並企圖在混亂而令人沮喪的公投結果之後保持信念。作者提醒我們唯有針對現實做出應變才能力挽頹敗，也提出許多可行的策略。」

——大衛．漢奈爵士(David Lord Hannay)，
前駐歐盟與聯合國大使、著有《英國的一席之地：駐歐與駐聯合國外交回憶錄》
(Britain's Quest for a Role: A Diplomatic Memoir from Europe to the UN)

「彼得．威爾汀就歷史分析英國與歐盟之間的關係，並且特別側重溫斯頓．邱吉爾(Winston Churchill)與瑪格麗特．柴契爾(Margaret Thatcher)的歐洲關係視角。作者提醒了我們，上述兩人在英國首相任期內都曾懷抱著強大的熱情，威爾汀接續著兩人的觀點，發展出以英國為軸心的外交政策方案。」

——查爾斯．葛蘭特(Charles Grant)，
歐洲改革中心主任

目次 CONTENTS

序

儘管後脫歐時局煙霧彌漫，狀況未明，但不論是社會大眾或是政治人物，都不該輕易忘記二〇一六年六月二十三日此際，英國國民所做出的決定有多麼巨大。脫歐將成為英國、歐盟與歐洲大陸歷史的轉捩點。

英國正邁入自戰後以來的第三個全新階段。一九四五年，英國運用帝國觸角取得世界影響力。一九五六年，英國自蘇伊士運河撤退後，將目光轉回歐洲內部，也就是如今的歐盟，試圖取得領導地位。不過，此際脫歐的光景與昔日不同。即便在戰後，英國也仍持維持帝國地位；在蘇伊士運河危機後，英國更成為歐洲的一員。而現在，歷史面臨嶄新的關口，未來情勢混屯未明。脫歐不只是改寫貿易協議，從今爾後，英國在全世界的地位將會如何變化？世界全貌又將會如何改變？

如果英國毫無準備，要如何維持歐洲的領導地位？又或者，英國將就此失去國際影響力？長久以來，英國與法、德並列為歐洲三大強國，那麼英國歷史中是否有提供任何可能的方向，作為英國領導者未來的指標？波里斯・約翰森（Boris Johnson）[1]所說的「我們要離開的是歐

盟，而非歐洲」又是什麼意思？眼前的英國有何選擇？過去的政策有沒有任何可供借鏡之處？

畢竟「脫歐」(Brexit)一詞的誕生和我也有點關係，因此本書將試著釐清全盤脈絡，以此作為小小的個人懲罰。脫歐派認為歐盟讓英國失去控制權，而留歐派則認為留在歐盟才能鞏固英國權力。其實兩派人士都希望保有英國勢力，提升英國的世界地位。事實上，公投往往被錯誤引導為激烈的愛國主義論辯。然而，脫歐不但意味著離開現有歐盟體制，也代表該運用目前英國仍擁有的影響力與網絡，擘劃可能的策略，與歐洲協議——這也將是本書主力討論的重點。相反的，脫歐絕不該成為一場拒絕移民、拒絕任何企業出走的拉鋸戰，並且任兩派人馬在網路上展開激烈的事實戰爭(fact-wars)，以重複、諷刺對方所引用的恐懼論述為武器。不管是現在或是公投期間，我們真正需要的應該是一個大膽而清晰的英國對歐洲的未來藍圖。

軒尼詩爵士(Lord Hennessy)說，「公投就像閃電，照亮了早已變幻許久的地景。」英國正在分裂，而歐盟與整個歐洲將倍受牽連。當我們面對如此艱鉅的歷史難題時，政府不能放任脫歐辯論分化群眾，此時此刻，政府應向不安的人民提出新的計畫。

現況不容遲疑。儘管脫歐派取得了勝利，撇開每年一千億英鎊的成本不談，英國政府應

1 譯註：前倫敦市長，曾表態支持脫歐，引起喧然大波。

當向人民證明英國的偉大之處。十九世紀的瑞士歷史學者雅各布．布爾克哈特（Jacob Burckhardt）曾言，治國是一門藝術。後脫歐時代最危險的正是充滿偏見的政客。如果他們無能跳脫公投箱，為未來提出更為超越、廣博的視野，那麼當歐陸向心力開始作用於軍事、經濟與政治領域造成崩解時，我們的安全、經濟繁榮狀況與民主社會都將受到撼動。我們需要全新的愛國主義。

我由衷感謝自二〇一二年以來在「英國影響力」（British Influence）共事的朋友與同事們。在此書的撰寫過程中，我也從「歐洲觀察」（Europewatch）的作者群的寫作裡獲得不少靈感與想法，在此致上萬分謝意。

Preface

前言

「英國透過了自身的努力，挽救頽勢。而我相信，英國經驗將會拯救歐洲。我們必須制訂能夠約束所有歐洲主要國家的條約，牽制彼此，進而互相支援、保護，讓具有全面性的法律制度通行於歐陸。」

——小威廉．皮特（William Pitt the Younger）[1]，一八〇五

「戰後，所有的西歐國家都等著從我們手上分得利益。數年來，英國的特權與影響力順利蔓延至全歐。讓．莫內（Jean Monnet）與其他歐洲有志者提議建立以英法聯盟為核心的歐洲經濟同盟。當時的提議因為英國的毫無作為而不了了之，最後其他歐洲國家只得尋找替代方案。」

——尼可拉斯．漢德遜爵士（Sir Nicholas Henderson），一九七九

應該可以更好吧？

英國在眾多世界強國中的排名是否將會變動？英國能留在四強內嗎？或是淪為強弩之末？根據二〇一五年的世界「軟實力」指數調查，英國的軟實力位居全球第一，具有強大的文化領導能力；而較英國富裕四倍、人口數二十倍、土地面積達四十倍的中國則定位堪慮[2]。

大英帝國或許日已西沉，但英國仍舊透過各種形式的政治、經濟、科學與文化之組織及關係，構築影響勢力；其影響力經過數個世代的沉澱積累，成為一個全球認同性極高的主要國家。

英國勢力絕非僅存於經濟領域。英國的文化實力舉世著名。以全球影響力而論，英國算是重量級參賽者。

- 英國擁有高於德國、法國、西班牙的外人直接投資（FDI）。
- 英國首都已取代紐約成為世界首都。
- 英國公民享有一百七十四個免簽國家，為世界最多。
- 英法兩國為派駐最多常駐外交官員參與多邊談判組織的國家。
- 英國皇室與「議會之母」[3]向世界展示了穩定、有效的民主制度。

- 英國擁有二十九個聯合國教科文組織世界遺產。
- 英國擁有最多的全球暢銷排行榜冠軍專輯。
- 英國足球隊擁有廣大的世界球迷。
- 英國僅次於美國，吸引了全世界最多的外籍學生。
- BBC成功地以英國觀點分析國際事件，並以多語言進行播放。
- 英國文化協會（The British Council）、大英博物館與其他藝術機構，為全球文化場景帶來卓越貢獻。

英國或許在「無意間」積累了無數的軟實力資產，不過本書所拋出的疑問正是英國是否將繼續無視自身所擁有的文化影響力？二〇一六年六月二十三日公投所熱烈擲出的燒夷彈，是否將毀滅英國實力，並讓英國於強國角力中退場？

顯然，普丁（Vladimir Putin）對上述說法深信不疑，俄羅斯總統譏言英國為「沒人理會的小

1. 譯註：英國政治家，獲任首相時年僅二十四歲，直至今日，仍然是英國歷史上最年輕的首相。
2. 波特蘭公司（Portland Communications），軟實力三十指標（The Soft Power 30 Index），http://softpower30.portland-communications.com/ranking
3. 譯註：英國議會建於十三世紀，迄今七百多年，被譽為議會之母（mother of parliaments）。

島」。但是，英國為七大工業國組織（G7）、聯合國安全理事會、北大西洋公約組織（NATO）的一員，更為大英國協（Commonwealth）組織之核心。可惜的是，竟然有許多英國人和普丁抱持著相同的想法。根據英國影響力所做的民調發現，約有百分之六十一的英國民眾認為，英國應該扮演全球領導者角色，並且更積極地制衡國際安全問題；他們希望英國取回縱橫全場的主導權，而非躲在角落當個陰鬱「魯蛇」。不過，約有百分之六十五的民眾認為，英國根本沒有影響力，也沒有什麼朋友。約有百分之六十六的英國國民認為美國才是主導世界秩序的王者，而歐洲的未來則掌握在法、德兩國手中。對上述民眾而言，英國在歐洲根本就是沒有社交圈的失敗者，而非扮演領導角色。此外，透過焦點團體（focus group）[4]的研究發現，參與者認為英國不但「重要性薄弱」、「缺乏道德立場」，並且「欠缺視野」。[5]

這怎麼可能？

這種「受害者情節」源自英國在帝國時期結束後，是近四十年來作為歐洲的陌生人，在世界邊緣之外載沉載浮所導致。杜魯門總統任內的美國前國務卿迪安．艾奇遜（Dean Acheson）曾在一九六二年時，毒舌評論英國「不僅丟失了一整個帝國，還找不到自己的位置」。可怕的是，英國的定位至今仍舊模糊不清。由於英國無能建立自身視野，衍生出長達五十年的外交政策災難。

脫歐後，英國不可能再如此渾噩前行。如果英國期望繼續有效維護、爭取自身利益，那麼她必須改變與其他國家、社群互動的方式。在如此險惡的世代，全球面臨中國崛起對民主的威脅、俄羅斯復甦的挑戰、極端組織伊斯蘭國（ISIS）組織的野蠻行為、北非混亂以及長久以來歐洲經濟疲軟等挫折，如果英國此時選擇將自己沉浸在懷念舊日美好氛圍的迷霧中，顯是愚蠢之舉。英國必須重拾其傳統、主導歐洲，以此凝聚新的愛國主義，並讓頑固的懷疑論者有勇氣相信，堅實的英國歐陸政策將不會背棄民眾。

本書主旨在於提出新的英國歐陸政策，讓她繼續在國際舞台上發光，扮演活躍的角色，而非日益消沉，並期望英國能與合作國家共同領導歐洲與全世界。為解決目前英國的三大問題：加強國土安全、促進經濟繁榮與推廣英國價值觀，此時此刻必須重新開始。

英國需要將強硬的商業與軍事實力融合進軟外交氛圍與文化觀之中。如何運用硬實力調度軍事資源將成為日益重要的課題；然而對歐洲與全球佈局而言，若能同時創新並且細微地兼用硬實力與軟實力，似乎對提升國家效能與進步至為關鍵。這正是所謂的「巧實力」（smart

4. 譯註：焦點團體訪談是一個由主持者（moderator）帶領的同質團體訪談研究方法，屬於質化研究，也是近年來社會科學研究經常使用的方法。

5. 請見尼克・肯特（Nick Kent）編著《歐洲影響力平衡計分卡》（British Influence Scorecard，2015）。

power）[6]。英國的新未來所需要的正是兼用硬實力與軟實力的巧實力——運用傳統與現代策略，在日益崩危的歐陸取得影響力。

視野成就巧實力。然而艾奇遜的一席話顯然成為所有英國首相的心頭之難，他們各自以不同的方式嚐到挫敗的滋味，不管在各部會政策統整或人民的心中，都無法定奪出穩健的方向。正因為缺乏政策主軸，戰後的英國外交策略不但無法勝任大英國協的領導角色，還展現出對歐洲的愛恨交織，以及對美國時而謙卑時而輕蔑的搖擺態度。

儘管美國為英國的重要盟國，而且不管就歷史、地理或利益而言，英國都是歐洲強權，但是英國領導者們從未企圖擴大影響力，此態度造成公共大眾的憤怒，甚或選擇徹底忽視英國的未來。為避免「受害者情節」繼續惡化，英國應即刻重新思考自身與歐洲、全球的關係。

首先，我們先得找到切入視角。英國必須思考如何能運用其獨特資產，以及未來的目標為何？英國國民需要感受到自己的國家在持續進步，而非處於斷裂狀態。幸運的是，藍圖似乎已經擺在眼前了。只要探問歷史，就能找到未來的可能；歷史中由狄斯雷里（Disraeli）、葛拉斯東（Gladstone）與喬斯夫・查邦萊（Joseph Chamberlain）所創造的歐洲協調（Concert of Europe）[7]概念，為大不列顛提出了道德視野，以此作為歐洲、大英帝國與美國等三個緊密迴圈的心臟。一九四〇年時，溫斯頓・邱吉爾（Winston Churchill）重新詮釋了歐洲協調概念，並提議以更為全球

性的英國，作為歐洲、大英國協與美國三環之重心。

本書中，我們將探討為何後繼的英國領導者無法實現此計畫，為何此概念能成為英國重新找回正途的核心概念，而我們又該如何運用巧實力增加英國的影響力。

目前英國的問題在於其地位日益萎縮，而非成長。除去脫歐不談，英國的其他競爭國家都積極地在各領域運用巧實力，擴張文化外交組織。中國、俄羅斯與其他國家都投入大筆資金加強其勢力與影響力。舉例來說，中國預計開設近一千所孔子學院（Confucius Institutes），目前已達三百二十七所，以積極推廣中國文明的哲學思想；印度以寶萊塢電影拓廣其文化影響力；約有二十五個國家開設英語國際新新聞頻道，而英國卻大砍BBC國際新聞節目的預算，自二〇一一年來，已關閉近二十二個駐外新聞中心（包括烏克蘭）。

儘管英國握有足以成為操作巧實力大國的豐厚資產，但是英國的軟實力運作卻遠遠落後於其他競爭國家，而其硬實力也在遙遠的戰事與防衛預算刪減中耗損。

因此，對於現今以及未來的英國政府而言，問題在於他們是否能夠找到新的英國角色，

6. 喬斯夫．奈耶（Joseph nye），《軟實力：全球政治的成功方法》（The Means to Success in World Politics），紐約：公共事務出版社（Public Affairs），2004，p.32。

7. 譯註：指拿破崙戰爭結束後，歐洲列強以會議方式協商處理歐洲重大問題的協商外交機制。

英國不該僅只扮演歐洲與美國之間的橋樑，更應成為邱吉爾所提出的三環計畫之領導者。唯有以更實際的眼光評斷特殊國與國關係、以更積極的態度面對大英國協，並提出更具策略性的觀點凝視歐洲後，英國才有可能提振國力。

這並不是什麼新想法。但是，如果英國希望能繼續在強國間保持優勢地位，那麼她就必須有信心重新領導轉型中的歐洲，以及動盪的世局。未來，英國在面對詭異的歐洲情勢時，是否又會繼續扮演達西先生(Mr. Dacy)[8]，以傲慢而龐大的偏見忽視鄰國間的友好狀態呢？

本書希望能理解英國如何走到眼前的分水嶺，以及未來如何能避免在此重要的歷史性時刻受挫。我們一路究竟是怎麼走來的，而又如何能聰明一點呢？

8. 譯註：《傲慢與偏見》中的主角。

Pride

傲慢 邱吉爾視野

……戰後邱吉爾策劃由英國擔任三環——歐洲環、美洲環與大英國協環的主要領導者；然而，事實卻是歐洲國家背著英國沆瀣一氣、美國逕自壯大，而英國也根本不把大英國協放在眼裡。

「我們堅持視自己為大國，並認為經濟失利僅只是一時的困境。但我們現在已經不是大國了，以後也不會是。英國是個偉大的國家，但是如果我們再以大國自居，恐怕會連偉大的國家都稱不上了。」

——亨利．蒂澤德爵士（Sir Henry Tizard），英國國防部科學總顧問，一九四九[1]

「對其他歐洲國家來說，國家的形成意味著勝利的誕生。她們在潰敗中創造了新的勝利。但是對英國來說，成為歐洲的一部分代表失敗，這是英國極力不想面對卻終得接受的事實，也是帝國最後的退守之處。對她來說，參與歐洲的建設絕非歷史的高潮與勝利。」

——雨果．揚（Hugo Young）[2]

盟友與影響力：邱吉爾的三環政策

或許一切都是從一九四〇那年開始的，那是關鍵的時刻，美好的年代。多佛（Dover）成為民主的前哨站。而邱吉爾的名言成了英國精神的靈魂，鼓舞著英國人向不可思議的艱難前進，取回自由。

五年後，英國軍隊、帝國與美國同盟共同取得民主勝利，並重整柏林秩序，這場戰爭代表的是意識形態之戰。當時哈羅德．麥米倫（Harold Macmillan）雙眼噙著淚水驕傲地向第八軍團致敬，並認為英國的偉大時代即將展開。

不管是麥米倫或是他的好友邱吉爾首相都沒有自滿於當下。他們不但贏得戰爭，更希望藉此迎來和平時代。兩人協同艾德禮（Attlee）、貝文（Bevin）與同盟國共同商討如何在強權之間保持英國勢力。邱吉爾擬定了一個概念，此概念對當時與現在的時局都具有效用。

他規劃了互相包容的三環，而英國則為三環中心。英國未來的勢力將受到三環牽制。為了讓英國人享有自由、繁榮與和平的生活，英國勢必得在美洲、大英國協與歐洲間發揮樞紐作用。他如此說道：

> 如果思考這三個緊密相扣的環圈，你會發現英國是唯一一個在此三區域間都扮演重要角色的國家。事實上，我們不僅位於三環交界處，更是其海域、甚至是空域的重心；因此，極有可能同時加入三環。若我們願意為此奮鬥，未來或有可能為人類世界創造安全而幸福的世界，並獲得名聲與感激。[3]

這絕對不是空口說白話而已。在接下來的五年時間裡，和平時代已然成形。首先，英國擬定新的策略，並與美國雙拳並進，阻止蘇聯對歐洲與世界各地的威嚇侵略。接著，英國在印度獨立以後，鋪展新的大英國協計畫，以在中東與非洲區域的策略基礎為核心，發展外禦支持體系。最後，身為歐洲區域的領導國家，英國努力推動和平、民主的歐洲藍圖。上述所有的努力均為邱吉爾的「世界政府」概念鞏固基礎，邱吉爾期望以法律而非戰爭解決歐洲分

1. 大衛・迪爾克（David Dilks）編著《動搖的霸權：二十世紀的英國外交政策研究》（Retreat from Power: Studies in Britain's Foreign Policy of the Twentieth Century, Vol. I: 1906–1939），倫敦：麥米倫出版社（Macmillan），1981。
2. 雨果・楊，《福地——邱吉爾到布萊爾時期的英國和歐洲》（The Blessed Plot: Britain and Europe from Churchill to Blair），倫敦：麥米倫出版社，1998。
3. 史都華・波爾（Stuart Ball）編著《一九四五年來的保守黨》（The Conservative Party Since 1945），曼徹斯特：曼徹斯特大學出版社（Manchester University Press），1998，p.143。

歧，而英國與其盟友將為世界秩序的裁決者。

在一九五一年邱吉爾復任首相以前，工黨政府在新的世界秩序內持續推行三環計畫。他在戰時的工黨前同僚們盡了一切的努力。艾德禮的外交大臣恩斯特．貝文（Ernest Bevin）願延續大英國協的作用，並相信英國必須保有其強權地位。貝文起草全新的「第三勢力聯邦」（Third Force Commonwealth），由美國於一九四八年正式簽署。一九四九年，北大西洋公約組織（North Atlantic Treaty Organisation，NATO）正式簽署，用以鞏固美國聯盟作為反共產主義之堡壘。同年，邱吉爾所提出的歐洲委員會（Council of Europe）正式成立。

前途看起來一片光明。隨著全新後帝國時代的來臨，英國的政治家建立了更為現代而穩固的世界基礎。但是接下來，全世界目睹的卻是偉大人物之連敗，以及英國權力的式微。麥米倫在勝利之日落下的淚水背後，隱藏著可悲的妄想，心存妄想的不僅是麥米倫，更有他的同黨以及四千五百萬個英國島民。英國將就此輸掉整個帝國，並且無能找到自己的地位。歷史不該如此。直到今日，我們仍在惡夢裡沒有醒來。

路狹且長：英國之難題

勝利如同興奮劑。二次大戰結束之時，帝國仍舊龐然矗立著。全新的伊莉莎白時代近在眼前。當時的英國處於絕對優勢，對於加入任何聯邦根本興趣缺缺。她四處觀望，穩穩掌握著底牌。一九四五年時，工黨意氣風發，英國皇家海軍促成航權大幅開展，大英帝國讓英國人民活在狂喜狀態之中，無從清醒。

英國就此展開戰後七十年的邱吉爾三環計畫，面向美國、歐洲其他夥伴與大英國協成員。英國歷經了十九次選舉、九次政黨輪替、六次經濟大危機，還丟失掉一整個帝國，正如同奧立佛．法蘭克斯(Oliver Franks)所說的，「英國人一向自認為大國，這是改不掉的習慣了。我們總想待在最重要的談判桌上。」[4] 為什麼呢？

問題的核心在於英國創造了關於全球霸主的迷思，再將這故事兜售給全英國國民。全球影響力成為英國傳統的一部分。一八七二年時，班傑明．迪斯雷利(Benjamin Disraeli)在水晶宮說，「所有政黨的目標都該是維持政府機構、維繫帝國命脈，並且提升人民生活水準。」[5] 迪斯雷

4. 奧立佛．法蘭克斯(Oliver Franks)，《瑞思講座：英國與世界外交事務潮流》(Reith Lectures: Britain and the Tide of World Affairs，1954)，BBC節目，十一月七日。

利應該是第一個看出唯有保持強健世界地位，才能團結英國的維多利亞時期政客。這成了英國人的思考模式。不管是在印度或非洲的新屬地，都凝聚了全新的愛國信念。所有對英國帝國霸權嗤之以鼻的政敵，都會被國家領導者們貶低為可悲的小島政客。

帝國誠然為當代英國政府機構的自然延伸。一八八〇年時，英國掌控世界金融、政治與商務的程度可媲美一九四五年後的美國，一切安排得天衣無縫。迪斯雷利走上了「威望政治」（prestige politics）[6]的道路，並將一六八八年的光榮革命與一七〇七年和蘇格蘭締結的《聯合法案》予以神化。至此，國會王座的主權、英式教會的傳統歷史、皇家海軍與法律，成了常勝大英帝國的心臟。而維持帝國必然需要秩序、階級與權威。

領導者運用這簡單的策略，一方面建立人們對英國政府組織的信心，一方面又鼓勵人們對海外的外交成就感到自豪。巧妙的是，領導者讓不同的勢力保持彈性，甚至保有彼此抗衡的空間。人們對國家與帝國的雙重忠誠度貫穿了英國政治的血脈。他們創造了政治萬靈丹：一種現成的身份認同，以及關於英國的敘事。

不過一直要到一八九〇年代約瑟夫．張伯倫（Joseph Chamberlain）與保守黨聯手後，帝國才成為政策基石。當英國在南非布爾戰爭（Boer War）取得勝利後，緊接而來的卻是帝國不可能再繼續擴張的自覺。既然殖民屬地面積不可能再繼續擴大，張伯倫希望帝國可以扎根得比以往更

深。為達到迪斯雷利所說的「提升人民生活水準」，張伯倫提出了帝國特惠制（Imperial Preference）——建立遍及全世界四分之一領土的關稅保護牆。他期望建立帝國議會，讓議會在西敏寺處置英國領土問題，並顯示英帝國威權。他認為唯有成為具有全球網絡的自給自足的堡壘，才能維持英國強權。

不過，張伯倫絕非分離主義者。他期望英國帝國能與美國、德國平行建立全球同盟，以此擴張英國的影響力。而這個概念正是邱吉爾三環計畫的基石。

今天，我們很難想像張伯倫的大英帝國叱吒風雲的盛況。他所提出的政治概念成功地將國內社會改革目標與大英帝國的海外勢力相結合。他將迪斯雷利的「一國」概念付諸實行，整合國內與外交政策。一九二五年時，奧斯頓．張伯倫爵士（Sir Austen Chamberlain）以《羅加諾公約》（Locarno Pact），穩固英國領導地位；一九三二年時，內維爾．張伯倫（Neville Chamberlain）首相則以《渥太華協議》（Ottawa Accords）將帝國特惠制納入法約。這根本是家族的共同信念。不過，張伯倫一家的帝國夢就在邁入高潮之際悄然結束。希特勒推翻了《羅加諾公約》。甘地成了帝國的

5. 大衛．史萊特（David Seawright），《英國保守黨與一國政策》（The British Conservative Party and One Nation Politics），倫敦：康特寧（Continuum），2010。

6. 請見韓達德（Douglas Hurd），《挑選你的武器——英國外相兩百年的爭執、成功與失敗》（Choose Your Weapon: The British Foreign Secretary-200 Years of Argument, Success and Failure），倫敦：鳳凰出版（Phoenix），2011。

心頭刺，而大蕭條則讓國家徒具施行社會補助的的意義。7

歐洲綏靖與帝國的衰弱，意味著英國必須仰賴新興勢力——美國出面撐腰。邱吉爾對此心知肚明。一九二一年的《華盛頓海軍條約》(Washington Naval Treaty)就已終結兩國均勢的局面，而讓美軍凌駕於皇家海軍之上。不過這條約自然是謀略後的結果，邱吉爾知道美國希望自己被排除在外的帝國特惠制能走入歷史，而其他國家則希望能就此終結帝國制，畢竟帝國的存在對民主以及倚賴美國勢力的小國而言，正是極大的諷刺與阻礙。

雖然邱吉爾想方設法才與美國同盟贏得戰爭，甚至動員帝國勢力解放歐洲，不過至少英國沒有向希特勒投降，這讓一切的付出有了意義。為防止希特勒佔領英國，邱吉爾抗衡納粹德國，阻其得勝。然而，如果沒有美國參戰，英國也絕對不可能贏得戰爭。一九四二年的《租借法案》(Lend Lease Act)和《大西洋憲章》(Atlantic Charter)確實讓邱吉爾對未來的困境保持警覺，當時「若顧及敵人未來的可悲處境、飢餓與軟弱，而採取原諒姿態，似乎比要求對方符合原初的戰敗條件或盟友的要求更為簡單。」8

二戰時期，邱吉爾對帝國的崩毀早已了然於心。他如此描述一九四三年的德黑蘭會議：

> 我坐在會議席，一邊是伸出利爪的俄羅斯巨熊，另一邊則是美國水牛，在此

之間則是隻可憐的英國驢子，只有牠知道回家的路。[9]

一九四五年希特勒身亡，美國重握主導權，當時威脅英國領導地位的不再是來自歐陸敵軍的殘酷，反倒是盟友的過分仁慈。

邱吉爾手中有三種足以維持英國榮景的選項：

或許應團結歐洲，使之成為全球政治的主力；或許應發展大英國協，組成權力集團（power bloc），這會是左翼工黨支持的方向；又或者可延續戰時英美同盟的狀態，與俄抗衡。[10]

7. 威廉・羅傑・路易斯（William Roger Louis）編輯，《英國的冒險之旅：英國性格、政治與文化》（Adventures with Britannia: Personalities, Politics, and Culture in Britain），倫敦：托里斯（I B Tauris），1995，p.148。

8. 彼得・克拉克（Peter Clarke），《大英帝國最後的一千個日子：帝國的終結》（The Last Thousand Days of the British Empire: The Demise of a Superpower），倫敦：企鵝（Penguin），2008。

9. 《大策略與軍事同盟》（Grand Strategy and Military Alliances），編輯：彼得・曼索、威廉森・莫瑞（Peter Mansoor & Williamson Murray），劍橋：劍橋大學出版（Cambridge University Press），p.154。

10. 出自黛安・科比（Dianne Kirby）編著《當代歷史期刊》（Journal of Contemporary History）內文〈神聖的制裁：英美冷戰同盟與西方文明及基督教的防禦〉（Divinely Sanctioned: The Anglo- American Cold War Alliance and the Defence of Western Civilization and Christianity，1945-48），35(3)，2000，p.385。

不過，既然上述三個目標並不互相排斥，那麼問題應該是，如何能同時達成所有目標。或許邱吉爾能為張伯倫的三環帝國找到新的國際角色？

整合三環：通往蘇伊士

邱吉爾認為能以擊潰希特勒的方式，重新取回英國榮光，他打算以高規格的政治行動實現這偉大的目標。他也知道自己必須調和歐洲、大英國協與美國三方政治需求。邱吉爾在戰時就已經規劃好未來英國的三環影響力藍圖，他只需要找到適當時機向英國國民宣佈此計畫，而最後他選在一九四八年十月的蘭迪德諾（Llandudno）保守黨會議上，將計畫公諸於世。

邱吉爾表明英國在「偉大的三環」裡扮演相當獨特的角色，此三環為「帝國與大英國協」、「英語世界」以及「聯合的歐洲」。邱吉爾形容三環處於「共存」並且「相互連結」的狀態。

以邱吉爾的觀點看來，英國可以透過三種管道施展勢力並展開外部行動，首先是透過與美國的雙邊關係；其次為英國與大英國協間的正式性與非正式性互動；接著則是透過重建歐洲，力拼一局。

英國必須盡可能地與美國平起平坐，正如邱吉爾在一九四九年時向法國外交部長提到的，「英國不能被視為孤立的國家。英國建立了遍及世界的帝國以及大英國協。」[11]他深信，若將英國擺放回歐洲權力版圖中，他便能夠熊熊直視美國的雙眼。

然而，邱吉爾制定的政策存在著曖昧的詮釋空間，要將三環團結在一起可說是道阻且長。若英國的計畫成功，她將獲得戰後世界總體策略的統籌角色。英國將與法國共同主掌歐洲，並與大英國協進行更為廣博的全球性計畫，此外，她也將與美國在冷戰中並肩作戰。英國必須為自己找到更為穩定的定位：一個更具區域性、文化性的世界強權。若英國失敗了，那麼她將失去在三個巨大舞台上的璀璨角色，並隱身於失敗與混亂之中。

接下來的十年內，世界目睹英國在三環計畫中的無能挫敗。以歐洲而言，許多新興獨立國家要求邱吉爾與貝文掌握歐洲大陸的領導地位，而全局卻以二度失敗的歐洲經濟合作組織(OEEC)告終。在與美國互動方面，一開始由英國採取主動角色，儘管自身深陷經濟危機，英國還是期望美國能支持她在北大西洋公約組織、歐洲與大英國協中取得領導角色，此舉造成英國漫長的認同危機，她的角色從夥伴慢慢過渡成卑微的索求者，並於一九五六年的蘇伊士運

11. 引自阿拉斯德．布萊爾(Alasdair Blair)，《自一九四五年以來的英國與全世界》(Britain and the World since 1945)，倫敦：洛特萊吉(Routledge)，2014，p.43。

河危機中，徹底丟失了顏面。英國錯過了在中東與非洲建立霸權的機會，而當蘇伊士危機過後的去殖民改革風潮大起時，英國連最後一點點掌控大英國協的帝國權威性都蕩然無存。

英國不但沒有對此三個互有重疊的環圈裡提出穩定的大策略，反倒三不五時被逼著做出艱難的決定。由於邱吉爾無法在初期提出清晰的政策方向，因此三環計畫註定讓美國的利益優於瀕死的大英國協，而歐陸更是遠遠落於後方邊際。

原因很快地浮上檯面。三環崩解的責任落在三位外長身上：恩斯特．貝文、安東尼．伊登(Anthony Eden)與哈羅德．麥米倫。貝文於一九五一年過世後，另外兩位繼任為英國首相。當計畫生變，並與他們自己的期望違背時，實現邱吉爾計畫的機會逐漸遠去。英國的巧實力嚐到敗績。到底是哪裡出了錯？

從大英國協環到蘇伊士

從現在角度來看，英國政府抗拒帝國勢力全面崩解的態度，無疑相當傲慢而固執，這一切在一九六〇年代中期時畫下了句點。如此終局或許可追溯到二戰所帶來的直接影響。一九四〇年至一九四二年間，英國在歐洲與亞洲戰場的挫敗損及英國自身經濟與金融的獨

立，而這正是帝國系統的實質命脈。英國或許撐過了戰事，但是她的財富、威望與權威性，都已逐漸削弱。同時，二戰也將英國國內與海外安全所仰賴的權力平衡版圖徹底破壞殆盡。雖然英國屬戰勝一方，但是擊潰德軍的關鍵掌握在蘇聯與美國手上，而日本的戰敗更全屬美軍之功。

不過當時安東尼．伊登所領導的外交部似乎後知後覺。他們在一九四四年做了數項研究，並得到截然不同的看法。當時，英國政府在二戰後的首要目標為重建自身的全球強權地位，為達此目標，外交部認為英國應該重新實踐張伯倫戰前所擬定的計畫。

為此，英國將自己侷限在末日帝國的角色之中。一九四七年，英國自印度撤退正是帝國衰弱的初期警訊。英國期望獨立後的印度仍舊為戰後帝國防禦網路的一環，所以極力希望印度（包括其軍隊）能避免分裂。不過，顯然事與願違。印度末代總督路易斯．邦巴頓（Louis Mountbatten）理解到，除非他同意印度分裂，否則印度將陷於混亂，宗教戰爭一觸即發。於是，邦巴頓擬定了快速的政權移轉辦法，在後殖民時代初期就將印度交予其他兩個繼任政府（印度與巴基斯坦）。

印度政權的和平、合法移轉，掩蓋了帝國失去英屬印度（Raj）的強大挫敗感。英國失去了長久以來提供蘇伊士以東強盛兵力的殖民屬國，此後還必須支付佣金雇用英屬軍隊。帝國防禦

系統的重任重新回到英國的肩膀上，而此時的帝國遠比一九三九年以前更為貧窮、虛弱。英國在戰後初期的經濟衰敗狀況，使得邱吉爾的帝國夢漸行漸遠。戰爭消耗了近七十三億英鎊的資金，相當於英國戰前財富的四分之一，甚至還必須擔負約三十三億英鎊的債務。如果英國還希望站在世界舞台的中央，那麼她絕對必須捨棄戰前固有的位置。不久後，恩斯特．貝文擬定了更為穩定而富可能性的方式，執行邱吉爾的三環計畫。

第三勢力

失去印度讓英國得重新審慎思考世界利益。當時英國正處於兩大新興強國——美國、蘇聯的陰影之下。英國首相艾德禮與內閣恩斯特．貝文對當時的工黨外交政策頗具影響力，兩人為英國的海外發展做出了相當出乎意料的規劃。

一九四八年一月與三月間，貝文發出了四份備忘錄給工黨內閣。「第三勢力」(The Third Force)備忘錄認為史達林的極權主義將嚴重威脅民主國家，並概述了民主社會對此的特殊反應。他強調英國為世界強權，英國的權力重心並非位於印度，而應位於「世界的中心」，並獨立於美國與蘇聯之外。貝文認為美國亦當支持此政策。以貝文的觀點而言，英國在二戰中的

犧牲成了美國應當提供經援的合理藉口，事實上，美國理應協助英國創造新帝國，而非成為阻撓。

艾德禮與貝文的計畫聽起來很不錯。他們將蒙哥馬利（Montgomery）元帥派往非洲熱帶殖民區域，研究如何能更有效率地輸出可可、橡膠與錫礦，以利經濟剝削[12]。不過這背後的目的絕非僅止於經濟利益。英國的新防禦戰略計畫必須建立足以轟炸南俄羅斯的空軍基地，該地為蘇聯政府的工業火藥庫。這意味著即便英國於一九四八年從巴勒斯坦倉促撤退，中東徹底脫離英國的控制，但英國仍然企圖盤據於中東上方。

英國希望能保有和埃及、伊拉克、約旦和海灣簽訂的條約以及軍事基地，包括廣大的蘇伊士運河區。英國期望澳洲與印度能共同協助縮限蘇聯在亞洲的影響力。英國政黨內部一致認為必須捍衛英國的第三勢力世界地位，而為達此目標，英國必須在非洲與中東建立新的大英國協國家。艾德禮政府認為英國經濟復甦，與英鎊是否能繼續作為強勢貿易貨幣息息相關，他們寄望統合傳統的「白人」國家，特別是澳洲、紐西蘭與南非。英鎊區（sterling area）包含大英國協（除了具有重要性的加拿大除外）以及其他國家，涵蓋了戰後初期全世界一半以上的區域。

12. 請見尼可拉斯．懷特（Nicholas White），《去殖民：一九四五年以來的英國經驗》（Decolonisation: The British Experience since 1945），倫敦：洛特萊吉，2014。

為推廣此新政策，英國政府甚至組織了政治宣傳單位——訊息研究部（Information Research Department），以推動「未來外交宣傳政策」（Future Foreign Publicity Policy）。不過在接下來的兩年間，訊息研究部都忙著宣傳較為負面的反共意識形態，而非積極正向的第三勢力政策。隨著歐洲冷戰的升級，英國的經濟情勢不斷地衰退，加以一九五〇年爆發的韓戰，再再讓貝文理解到若要透過第三勢力強化大英國協環，勢必得與歐洲、美國進行合作。他意識到唯有合作才能確保英國取回強權地位。

從歐洲環到蘇伊士

貝文計畫將大英國協與西歐聯盟做結合。雖然，他手中握有邱吉爾打造的歐洲委員會作為英國前進歐陸的基礎，但是包括貝文在內的許多英國政治人物都知道，當英國與歐洲為敵時，將會帶來無盡的利益、困惑與災難。

當英國一整個世代在戰場上損失了一百三十萬條生命，不列顛戰役（Battle of Britain）[13]結束也還不到十年，要想和敵方打交道可不是件容易的事。一五三四年時，英國即以國家身份迎擊羅馬，英國也曾與西班牙天主教、荷蘭重商主義、法國大革命與德國帝國主義捨命對戰。

人們時常忘記，在一五八八年、一七八四年、一八一五年與一九一八年的這幾個反抗時刻，英國都是歐洲的領導者。此外，英國向來是具有強烈政治意圖的領導強國——她鼓吹自由、民主以及法治，而反對一國獨大。近五百年來，英國的領導者不斷呼籲在歐洲實行自由干預主義（liberal interventionism）。她的目標與手段都十分清楚：各自分離並予以控制，反對徹底的孤立。小威廉・皮特曾於一八〇五年說過：「英國透過自身的努力拯救自己於危難，而我相信，她的經驗將拯救歐洲。」[14]

不過，當英國缺乏明確政策又無明確企圖領導大局時，要執行並挹注資金建造新歐洲聯盟，就變得難上加難。自一九五〇年代至今，真正困難的不是英國與歐洲之間的合作，而是新聯盟是否有可能升級為侵犯議會權力的超國家威脅（supranational threat）。

戰後英國制訂對歐政策時所面臨的時代氛圍，與一六四八年之三十年戰爭後簽訂《威斯特伐利亞和約》（Westphalian order）時的狀況大不相同。一六四八年當時國家掌握完全的權力，而對

13. 譯註：又名英倫空戰，是第二次世界大戰期間納粹德國對英國發動的大規模空戰，也是二戰期間最大規模的空戰。

14. 瑞吉諾・科普蘭（Sir Reginald Coupland）編著《威廉・皮特的戰爭演說》（The War Speeches of William Pitt），牛津：克洛羅敦出版（Clarendon Press），1915，p.351。

二戰戰後的世界新秩序而言，絕對的國家權力早已消亡。

在接下來的五十年裡，英國將邱吉爾的歐洲環理論緩慢地以五個階段付諸實行：

一、對一九六一年事件的冷淡：英國對歐洲煤鋼共同體（European Coal and Steel Community）保持距離、興趣缺缺，拒絕參與墨西拿談判（Messina negotiations），結果導致《羅馬條約》（Treaty of Rome）的簽訂。

二、對一九七五年事件的介入：英國在蘇伊士受挫後開始多次要求加入歐洲經濟共同體（European Economic Community），卻頻頻受到法國總統戴高樂的阻撓，後者一直耿耿於懷認為戰後的法國始終登不上談判桌，也因此，戴高樂拒絕英國為首的大英國協以及英美勢力，儘管在當時兩者根本稱不上有任何硬實力。一九七三年英國入歐以及入歐公投結果，終於將此一局面畫上句點。

三、對一九九〇年事件的影響：在凝滯的一九七〇年代，歐洲經濟共同體九國面臨外部危機，此時英國的參與程度自然地減小。不過，英國策劃了歐洲史上最具重要性的進步政策，那就是一九九二年的單一市場[15]。

四、二〇〇九年前的抗拒：千禧年前後的二十年間為聯邦主義者（federalists）與英國人思想激

辯的高潮。兩者可說是勢均力敵。英國方面成功地擴張了歐盟組織；而聯邦主義者則決定了歐元與憲法。歐盟擴張可說是象徵性的成功，歐元的動盪最終招致災難。而憲法本身根本就是一場浩劫。

五、自二〇一〇年迄今：保守黨勢力逐漸升高，而自二〇一五年後完全由保守黨執政的英國政府終於藉由脫歐公投結束長久以來英國與歐洲合作之間的不快，並期望能建立新的英歐關係。

至少一開始的局面不壞。一九四五年至一九四八年間，英國積極取得歐洲領導權。接著在一九四九年至一九六〇年間，英國政府開始尋求政府間的合作，以滿足安東尼·伊登與帝國主義者的期待，並牽制歐洲經濟共同體初始六成員國的超國際野望。

15. 譯註：歐洲單一市場（European Single Market）是指在歐盟內形成無邊界的內部市場，排除關稅障礙、取消貿易管制，使單一市場內的人員和服務能自由流通，如此將促進競爭與貿易、改善經濟效率、提升品質、降低價格，使區域內的消費者與生產者皆能獲益，達到雙贏。

貝文，一九四五—一九五〇

一九四五年至一九四八年間，英國外交部構想能建立新的歐洲經濟共同體，並由英國主掌大權。對當時的貝文來說，英國外交政策必須建立於「三大支柱之上……大英國協、西歐以及美國。」[16] 貝文確信建立政治性的「西歐權力集團」為防禦之必要，但他同時也知道，這表示必須擁有單一自給自足的經濟體，方能提供實質資源予參與國，而英國必須是一切的心臟。

貝文的目的是重建歐洲並維持長久的和平，並舒緩英國、蘇聯與美國間的緊繃關係。因此，一九四七年英法簽訂的《敦克爾克條約》(Treaty of Dunkirk)正是邁向未來西歐聯盟以及實踐貝文「第三勢力」的第一步，未來將以此統御北歐與南非。接著則是一九四九年的《倫敦條約》(Treaty of London)，以及隨後而起的歐洲委員會，兩者為維護民主、人權與自由的新政治秩序的嶄新開始。

艾德禮於一九四八年新年廣播時說道：

> 身為歐洲的一部分，我們應當領導西歐的精神、道德與政治領域，使其更為符合民主概念，這不是美國人的責任。同時，我們期盼更為進步與更具改革抱負

的未來，我們必須相信自由與社會正義——或許這可稱為「第三勢力」……我們該宣揚自己的價值觀，並讓世界相信更具效率並且良好的生活方式。

貝文重申自己的想法：「我們必須從精神與組織層面盡力促成合作……英國不可能置身於歐洲之外，她的問題顯然都與鄰國息息相關。」

一九四八年一月初，貝文向內閣提交了一份「英國外交政策首要目標」(The First Aim of British Foreign Policy)備忘錄，他表示：

> 僅僅強化西方文明仰賴的物質基礎是不夠的。作為西方文明的重要角色，我們必須鞏固並保有西方文明中極為重要的道德與精神力量。我個人認為，唯有建立某種形式、不論是官方或非官方的西歐聯合，並具備美國與主權的支持，我們才能達成目標。其他西歐國家……將會尋求我們在政治與道德上的指引。[17]

16. 馬克．柴特伯格(MarcTrachtenberg)，《建構的和平：1945-1963 歐洲協議始末》(ConstructedPeace:TheMakingoftheEuropean Settlement, 1945-1963)，牛津：普林斯頓大學出版(Princeton University Press)，1999，p.116。

貝文冀望在歐洲與非洲建立基地，讓英國擁有與美國平等的夥伴關係，並發揮強權國家的作用。由於貝文不採取與美國敵對的角度，因此他的主張深受美國國務院的青睞，後者期望能建立起不仰賴美國支持的強健西歐聯盟。

不過沒多久之後，財務困窘的英國很快地又將美國納入西歐權力集團之中，以此強化西歐防禦整合，英國顯然無法單獨肩負重責。三環並非因邱吉爾的遠見與地緣政治的緣故而團結，美國的加入，只是為了幫大家買單罷了。

四項計畫就此合併：以歐洲關稅聯盟（European customs union）進行英法經濟協調、透過歐洲委員會進行政治合作、符合英法殖民者共同開發目的之「歐非」計畫、美軍計畫以及經援計畫。

貝文說道：

> 如果能建立我之前提過的西歐聯盟，並且獲得美國與大英國協之挹注，那麼英國將可發展出與美國相當的勢力與影響力。我們擁有殖民帝國的資源，若好好發展成為殖民地的精神領袖，那麼英國將透過實質行動，證明自己不亞於美國。

儘管貝文深知英國極度仰賴美國的經濟與軍事資源，並接受美國龐大的援助，但是貝文

的干預態度證明英國有決心取得歐洲的領導地位。

然而，好景不常，一九五〇年末貝文的身體健康每況愈下，不久後，他以七十歲高齡辭世。韓戰期間，英國政府同時得擔憂東方的共產勢力逐漸壯大，而西方之境的蘇聯更是逐步吞沒東歐。轉眼間，歐洲與大英國協環計畫已經成了遙不可及的奢侈夢想。

回顧貝文的政治生涯，比利時總理同時為歐洲經濟合作組織（Organisation for European Economic Co-operation）首任主席的保羅・亨利・斯巴克（Paul-Henri Spaak）說，「他再也沒有像剛開始那樣對計畫保持樂觀態度。相反地，當他看到自己提出的想法逐步被實踐時，似乎顯得訝異而擔憂。」[18] 斯巴克表示自己「從未理解貝文的態度為何突如其來地轉變」。

伊登，一九五一—一九五五

真正的原因是自一九五〇年左右開始，英國外交部認定不管在經濟或國家安全方面，唯

17. 請見喬斯夫・貝克（Josef Becker）與法蘭茲・科奈普（Franz Knipping）共同編輯之《歐洲的勢力？戰後的大英帝國、法國、義大利與德國，1945-1950》（Power in Europe? Great Britain, France, Italy, and Germany in a Postwar World, 1945–1950），紐約：葛洛特爾出版（W. de Gruyter），1986。

18. 引自黛安・科比編著〈神聖的制裁：英美冷戰同盟與西方文明及基督教的防禦〉，p.407。同本章註10。

一能夠重獲全球影響力的方式就是建立與美國間的穩固關係。此外，一九五〇年五月九日頒布的舒曼宣言（Schuman Declaration）為歐洲共同體的成立規劃前景，羅貝爾・舒曼（Robert Schuman）預計將會員國的煤鋼產出容納在單一市場，此計畫對英國而言實在太過微不足道與繁瑣。總而言之，當時的歐洲實在太複雜、太貧窮，又太遙遠了。

英國召開由外交部、財政部與其他官員所共同參與的跨部會會議，表明新外交政策的方向將由新任外交部長安東尼・伊登推動：

> 我們的新政策將盡可能地促進歐洲復原。不過前提是責任不該無限上綱。我們必須在可行範圍內協助歐洲重建，但若我們超出能力範圍，讓英國元氣大傷或經濟受挫，崩解的歐洲也不可能成為美國的同盟；同時，我們也不能因為「合作」之故，喪失主權，那將會是無可復返的死路。[19]

因此，儘管英國有機會開展計畫，背後又有美國的全力支持；儘管英國成功地建立起相關組織並凝聚共同視野，但是邱吉爾的歐洲環計畫仍舊在共產主義的威脅下遭到當局棄守。當時英國政府深信自己必須在領導歐洲與重建英美「特殊關係」之間，擇一行之。接下來的三

年內，英國政府不但拒絕舒曼計畫，更反對歐洲防禦組織（European Defence Community）與歐洲政治共同體（European Political Community），而歐洲懷疑主義（Euroscepticism）[20]也在此時悄然而生。此計畫首次公開於一九五二年二月安東尼・伊登所發表的文件中[21]，他在文件中提議將超國家的舒曼計畫與歐洲防禦組織納入跨政府的歐洲委員會之中。伊登反對邱吉爾式的歐洲烏托邦概念，並務實地表示「少數國家企圖透過建立進步組織，成立政治聯盟，以行使超國家力量。」[22]

不過，伊登的觀點並沒有受到財政部的支持。早在簽署《羅馬條約》的墨西拿會議之前，財政部的經濟學者就已預估加入歐洲經濟共同體的好處，將遠遠大於失去大英國協市場所帶來的損害。但是外交部選擇站在伊登的陣線，並警告此計畫將「創造具歧視性質的權力集團，

19. 引自大衛・瑞諾德，《從二戰到冷戰：邱吉爾、羅斯福與四〇年代的世界史》（From World War to Cold War: Churchill, Roosevelt, and the International History of the 1940s），牛津：牛津大學出版，2006。

20. 譯註：反對歐洲統合的思想或理念，其非單一的意識型態，但多半與看待歐盟的立場有關，基本上來講歐洲懷疑主義者反對歐盟組織。

21. 出自莎莉・羅瀚（Sally Rohan），《西歐聯盟：同盟與整合間的政治》（TheWestern European Union: International Politics between Alliance and Integration），倫敦：洛特萊吉，2006。

22. 請見特洛普（D. R. Thorpe），《第一代安芬伯爵安東尼・伊登的生活與時光 1897-1977》（Eden: The Life and Times of Anthony Eden First Earl of Avon, 1897–1977）。

而英國亦會受到排擠。」[23] 因此，英國政府選擇在墨西拿會議展開前就大力攪局。

儘管歐洲經濟共同體的初始六會員國邀請英國在不設任何條件下加入協商，但一九五五年十一月時，伊登決意退出談判。英國嘗試勸說歐陸國家減少進口管制，讓匯率浮動，並建立歐洲自由市場。或許是未來將掀起經濟哲學大戰的預兆吧，英國的提議被其他國家否決。初始的六個會員國對貝文的關稅同盟似乎更感興趣。

不過，此時英國外交部似乎對自己的舊政策產生了強烈敵意，並聲明：

> 當我們成為共同市場成員時，必然受到強大政治壓力，促使我國與其他會員國之間除了「協調」關稅以外，也在其他內部與外部政策之間，達成相當的共識。

如果包含六個國家的共同市場真的實現了，那將「對英國的經濟利益帶來巨大損害，而我們勢必得進行特殊磋商，即便犧牲其他市場的利益也得為之。」[24]

對伊登來說，毀壞的強國們很明顯地想要建立內向的保護主義集團。一九五五年十一月外交部聲明英國不再反對歐洲會員國建立特殊聯盟，「不過我們仍然應該對歐洲世界裡的『莫內』們保持警覺與懷疑的態度，畢竟這一夥人的政治目標早已潰敗，而現在又提出了『經濟一

體化』(economic integration)的口號當作託辭。」[25]

對當時仍然有許多顧忌的英國政權來說，撇清自己與某種反美勢力的關聯自是理所當然。原因在於一九五〇年以後，英國政策持續對共享主權的社會民主化歐洲保持敵意，一方面英國除堅信大英國協的實力外，更有自信將「特殊關係」視為地緣政治的最高原則，儘管美國也支持英國參與歐洲大陸事務。然而，歐洲其他國家決意在伊登的冷漠對待下，繼續前行。斯巴克的結論是，「如果我們想要有任何進展，就必須在沒有英國的支持下，繼續行動。」他的論調似乎有點感傷：

> 英國人永遠不會懂，什麼是理想。你們只看得到現實。我們將排除英國、獨力打造歐洲，未來，你們必會回頭加入我們的行列。

23. 尚・葛蘭伍德(Sean Greenwood)，《二戰後英國與歐洲的統合》(Britainand European Integration since the Second World War)，曼徹斯特：曼徹斯特大學出版社，1996，p.78。

24. 引自馬克・班布蘭吉(Mark Baimbridge)，《一九七五年歐洲公投第一冊：反思參與國家》(The 1975 Referendum on Europe–Volume 1: Reflections of the Participants)，盧頓(Luton)：安德魯斯(Andrews, UK)，2015，p.1958。

25. 尚・葛蘭伍德，《二戰後英國與歐洲的統合》，p.78。同本章註23。

由此可見斯巴克和讓·莫內的論點一致，「我們應該建造邱吉爾式的歐洲，而英國必會加入我們。」[26]

從美國環到蘇伊士

自一九五五年開始，英國不但沒有想辦法連結歐洲環與美國環，反倒認為維持各自分立的狀態更為實際。總而言之，對英國來說，建立英美防禦聯盟遠比英歐之間的經濟合作來得重要。重點是，舒曼的歐洲聯邦會消耗不少英國財力，這點讓英國人對歐陸興趣缺缺。但是，英國有可能從美國或大英國協獲得實質利益嗎？

一九四六年至一九四八年間，美國對外政策浮動，當時美元跌落，而蘇聯將從盟友身份轉換為競爭對手。英美自二戰時期培養的關係在面臨新的和平狀態、美國經濟強盛、提升國防安全的普遍意識，以及承諾更積極介入國際事務等諸多嶄新局勢下，是否還能夠延續前朝風景？

戰後局勢混亂未明，隨著和平時期的軍事合作逐漸減少，以及一九四五年時英美關於債務的對談陷入僵局，邱吉爾於一九四六年密蘇里州的富爾頓(Fulton)提出全新的英美同盟，由此

衍生出一九四七年之杜魯門主義（Truman Doctrine）[27]、馬歇爾計畫（Marshall Aid）[28]以及與蘇聯的合作破裂。

基於後續發展與邱吉爾的主張不相違背，我們不該認定邱吉爾與貝文在觀看美國、英美關係以及最重要的——美國面對英國重要利益時，兩人的態度有所不同。

早在一九四五年八月邱吉爾與貝文就承認了所謂的「特殊關係」，其實僅建立在英國對美國的依賴之上，英美關係從未對等。英國僅只是「處於美國勢力保護傘之下的初級合作夥伴。」[29]一九四七年，英國外交部評估報告警告，「美國的絕對獨立將會帶來具有危險性的負擔。」並同時認為美國時常「似有若無地宣稱主掌全球領導權。」[30]

26. 保羅・亨利・斯巴克，《永恆的戰鬥：一個歐洲人的回憶錄 1936-1966》，亨利・福克斯（Henry Fox）翻譯，倫敦：威登菲爾德與尼可森出版（Weidenfeld & Nicolson），1971，p.214。

27. 譯註：美國總統杜魯門任期內形成的美國對外政策，成為第二次世界大戰後美國的對外政策核心；成為美國在世界各地援助反共政權（無論其多不民主）的先例，並建立一套針對蘇聯的全球軍事聯盟。

28. 譯註：二戰後美國對被戰爭破壞的西歐各國進行經濟援助、協助重建的計畫，對歐洲國家的發展和世界政治格局產生了深遠的影響；該計畫目的在於抗衡蘇聯和共產主義勢力在歐洲的進一步滲透和擴張。

29. 引自菲利浦・墨菲（Philip Murphy），《政黨政治與去殖民化：保守黨與英國對熱帶非洲的殖民政策 1951-1964》，牛津：克萊爾頓出版（Clarendon Press），1995，p.171。

30. 喬斯夫・貝克、法蘭茲・科奈普，《歐洲的勢力？》。同本章註17。

然而，為求英國與歐洲的經濟狀況穩定，假平等顯然是必須付出的代價。一九四九年二月，貝文批准成立常設副部長委員會，此組織相當於美國國務院政策委員會，負責審議外交領域的長期規劃方向並提出建言。一九四九年三月，委員會提出報告並確立英美關係將為英國對外政策的主要重心。「面對蘇聯的敵對態度以及我方對美國的經濟依賴，我們必須盡快定義與美國關係的本質。」[31]而一九四九年三月的報告則強調「維持蘇聯周邊區域之控制權的重要性，此周邊區域意指奧斯陸到東京。」該委員會建議「我方政策應與美國的步調一致。」[32]

杜魯門總統與國務卿艾奇遜認同此說，一九五〇年時兩人表示英國確實必須處於邱吉爾三環計畫的交會點：

沒有一個國家像英國一樣，其利益與全世界息息相關……她比任何西歐國家都更具戰略位置……她是大英國協的重心……她也是英鎊區的核心……英國以此錯綜複雜的商業與金融系統交錯共構而成……英鎊區無可取代，而且短期間內也沒有任何其他可行方式。不過即便排除上述種種因素，英國和我們確實是鐵幕區域以西唯一擁有強健軍事力的國家。綜合所有因素……英美勢必得發展出特殊關係，這絕對是不可忽視的事實。[33]

這套話術相當迷人，特別是暗指了英語世界於一九四五年拯救了歐洲舊大陸之事實。英美關係向來是強大的神話。英美兩國以共同的語言與歷史創造了超國家的想像政治空間，而此想像共同體比起大英帝國，可說是毫不遜色。此時張伯倫的概念又再度起了作用。儘管以純經濟的角度來看，當時英國可說是暫時性地全盤仰賴美國，但是在英國人的眼中仍舊認為大英國協與美國共存，並共同分擔起超級強權的責任。英國人向來認為本國是世界之島，負責提供嶄新創意與機制讓後起之國模仿與挪用。那麼，何不將肯恩瓦歷斯（Cornwallis）於一七八一年約克鎮丟失的第一帝國與第二帝國結合成為英美聯邦，實現從未達成的大英帝國之夢？

因此，英美同盟對未來英國政壇而言，真正的重要性在於全球霸主之角色。英國認為自身將擁有主導全球經濟與管理超國家事務的權威，特別是維繫自由世界秩序的主導權。毫無

31. 引自約翰・貝利斯（John Baylis），《實用外交：英國和北約之成立 1942-1949》（The Diplomacy of Pragmatism: Britain and the Formation of NATO, 1942–1949），肯特：肯特州立大學出版（Kent State University Press），1993，p.120。

32. 引自馬克・柯提斯（Mark Curtis），《大騙局：英美勢力與世界秩序》（The Great Deception: Anglo-American Power and World Order），倫敦：冥王星出版（Pluto Press），1998，p.18。

33. 引自約翰・貝利斯（John Baylis）編著《自一九三九年來的英美關係：長遠的合作關係》（Anglo-American Relations since 1939: The Enduring Alliance），曼徹斯特：曼徹斯特大學出版，1997，p.64。

疑問地，英美同盟將可成為英國介入歐洲事務的另一選擇，並可實踐英國長久以來期望建立的開放的自由貿易秩序。

然而，內部矛盾總是阻撓伊登實現張伯倫式的英美霸權美夢：

- 美國向來對大英國協的非民主架構感到排斥。
- 美國決心以全球自由貿易之名為旗幟，摧毀帝國權威。
- 英國在美國眼中越來越居於次要角色，無能維持其權力關係。
- 美國希望英國能在歐洲統一（European unification）一事上全力以赴。

很快地，狂妄的事實於眾人眼前揭曉，事情發生得比預料的還快。當時是一九五六年。

衰落與式微：蘇伊士，一九五六年

當所有的政治衝突瞬間爆發時，往往成就所謂的歷史事件。有些時候，歷史事件牽涉了許多人物；有些時候，則為純然的突發事件。然而，大多數的歷史事件都跟人物與突發事件脫不了關係。

一九五六年的蘇伊士運河危機，瞬間摧毀了三環計畫。美國成功阻撓英法入侵蘇伊士運河的行動，英國的戰略性自由計畫、中東區域的佈局以及原本作為歐洲軍事領導地位的《英法協約》(entente cordiale，又稱摯誠協定)全數戛然而止。原本將能夠奠定西歐聯盟基礎的英法協作就此結束；第三勢力聯邦畫下了句點；英美共同領導的美夢徹底破滅。由於美國國內反帝國主義聲浪高漲，艾森豪總統最後不得不終止對英國的經濟支援。淹沒英國獅吼聲的不是敵人，反倒是朋友。

英法兩國從蘇伊士危機事件得到截然不同的結果，兩個歐洲強權就此分道揚鑣。事實上，法國顯然相當靈活地修正了自身的對歐外交政策，並決心在英國取得重要位置前，快速展開行動，以自己的藍圖重建歐洲，將英國的干預排除在外。假使蘇伊士危機發生在墨西拿談判前，或許英國政府將更有機會看清未來局勢。可惜，情況並非如此。

蘇伊士危機導致英國外交政策大轉變，並迫使她重新來過。三環計畫有任何可能重新復甦嗎？保守黨面臨此一苦澀事實。一九五六年英國決意交出歐洲統御權，以便將大英國協環整併至美國環，這意味放棄邱吉爾三環計畫中的一環，並融合其餘兩環。此舉導致英國退出協商，促成歐洲煤鋼共同體的形成，並對一九五五年的墨西拿談判冷眼旁觀，最後導致《羅馬條約》的簽訂。

事實證明，伊登背離歐洲環、孤注一擲地將希望寄託在大英國協與美國兩環之上，乃為不智之舉。若加入歐洲經濟共同體，恐怕可以得到更多好處。重返歐洲舞台不但可以拉抬英國本身衰頹的國際聲望，還能扭轉與美國之間失衡的景況。

美國對此了然於心。美國經濟事務副部長喬治．鮑爾(George Ball)表明美國支持英國於後蘇伊士時代重返歐洲舞台：

> 如果英國能理解《羅馬條約》並非歷史終局，反之是將歐洲推往團結同盟時代，甚至以某種程度來講，為形成歐洲聯邦的一段過程，而英國上下也願意傾力加入此歐洲經濟共同體。我深信我們政府將會視此為英國對西歐團結以及自由世界的穩定，所做出的重大貢獻。[34]

三環的終結？

儘管現在普遍認為，瑪格麗特・柴契爾（Margaret Thatcher）時期以前的英國政府都可稱為親歐派，但事實上英國根本無能實現邱吉爾派的夢想——成為三環的道德領導者，並維繫自身的全球性大國地位。外交部長的大話滿天飛，而挑戰卻異常艱鉅。首先，時間點不對。雖然英國自一九四五年後確實取得歐洲領導地位，但是歐陸原可依循邱吉爾的歐洲委員會模式發展跨政府架構，而非後繼的舒曼方案。其次，若有美、法雙方支持，貝文派提出的「第三勢力」帝國也確有成長空間，並能掌控中東、非洲的珍貴石油與礦物資源。最後，英美特殊關係延伸而出的北約組織，除了以地緣政治為編制基礎抵禦蘇聯以外，更可將英國對歐洲大陸以及非洲、中東區域的掌控權視為架構核心。

但是，想像隨即幻滅。大英帝國戰勝了日本與德國，並成為抵抗歐洲亂世的神聖道德堡壘。美國在英國的奧援下，開啟冷戰時代。對英國政府來說，英美情誼、國防或商業間的合作，仍舊得不時與政府的收支欄目做現實對照。

34. 引自喬治・鮑爾，《權力的紀律：現代世界的結構》（The Discipline of Power: Essentials of a Modern World Structure），倫敦：鮑利海出版社（Bodley Head），1968，p.79。

如果一九四七年印度獨立以後，貝文順利將大英國協的命脈轉移佈局至中東或非洲；如果邱吉爾能以歐洲委員會概念，推動早期的歐洲經濟共同體結合；如果伊登能更精熟地與艾森豪斡旋，三環計畫或許有機會成熟。可惜，僅有不平等的英美特殊關係成為長期的外交目標。大英國協花開花落。而歐洲仍是未解的難題。

Prejudice

偏見 從麥米倫到卡麥隆

……當英國領導者企圖重啟邱吉爾的三環計畫並取回全球領導權時，才發現全歐洲早已團結一致防堵德國再起，美國積極尋求歐洲的一體化，而大英國協的價值早已蕩然無存。

「我很遺憾至今我們仍耗費如此龐大的政治能量，在討論這早已無味的話題……關於我們究竟該離開或留下。我們不能被捲入這漩渦，繼續無止盡地討論這過時議題，忘掉我們的目標該是建立永續而強壯的歐洲社群，並擁護自身位置。歐洲必當團結取得和平、自由與民主，這便是我所奮力爭取的一切。」

——瑪格麗特．柴契爾，倫敦，一九八三

「我們的使命在歐洲，為歐洲的一分子。但不代表未來我們僅屬於此。」

——瑪格麗特．柴契爾，倫敦，一九八八

「我深深相信社群的重要，也接受大家指責我，說我製造了許多麻煩。但我並沒有錯，我只是希望歐洲能多點配合。」

——瑪格麗特．柴契爾，倫敦，一九九〇

忘了三環：入歐之路

麥米倫，一九五七—一九六一

一九五七年三月二十五日《金融時報》（Financial Times）編輯欄以〈開始的結束〉（End of the Beginning）一文記述《羅馬條約》制定歐洲經濟共同體一事。編輯部以邱吉爾名言預告了《羅馬條約》將掀起的經濟變動：「我們確信到一九七〇年時，共同市場的存在必會讓歐洲工業大不相同。」在全新的歐洲聯合架構下，英國根本就只是可有可無的邊緣者。

此文出現在蘇伊士事件事發短短的四個月後，卻完全沒有透露出編輯部是否擔憂英國將何去何從。儘管伊登當權下的外交部向來視歐洲為心頭之患，但是《金融時報》似乎對歐陸國家與其人民為創造和諧所付出的政治努力無動於衷。對英國來說，共同市場絕對是帶有反大英國協與反美色彩的貿易圈。由於自身的傲慢偏見以及情勢誤判，導致英國與其他歐洲鄰居的關係始終若即若離。《金融時報》預告了接下來英國外交政策仍舊在迷霧之中打轉，儘管負責領導的貝文極富視野，但是事實證明了歐洲對英國來說仍是宛如雞肋。

不過，一九五七年後，隨著政治新血們投入公共事務領域，奉從伊登式帝國主義原則的

官員們也紛紛退位，財政部與外交部逐漸醞釀出一股新的政治思維，「六〇年代初期突然湧現一股積極呼求重返歐洲的聲浪，入歐突然從不可能的選項，成為可能。」[1] 此新愛國主義風潮背後的原因為外交部開始視歐洲為「近在眼前的帝國」，而財政部則思忖「如果英國能擴張內需市場，那麼工業必然會再起。」[2]

一九六〇年三月由法蘭克．李（Frank Lee）所召集的跨部門資深公務員委員會，負責審查英國的對歐政策。李的報告書認為入歐談判將為「相當困難而艱澀的決定」，包括邱吉爾所說的，英國必須放棄部分主權。委員會建議以較為曖昧的「半認同」（near identification）方式制訂政策，好比接受入歐的絕大部份責任，但拒絕成為正式會員國。伊登首相的繼任者哈羅德．麥米倫則再三強調，半認同政策與加入共同市場根本就是一體的兩面，如果我們接受了「半認同」狀態，那就不如正式成為會員國。[3] 他發現歐洲經濟共同體「讓法國、德國與美國在經濟議題上

1. 引自安德魯．穆倫（Andrew Mullen），《英國左翼之歐洲大論辯》（The British Left's 'Great Debate' on Europe），倫敦：康特諾出版（Continuum），2007，p.67。
2. 道格拉斯．伊文（Douglas Evans），《當英國沉睡時：推銷共同市場》（While Britain Slept: The Selling of the Common Market），倫敦：葛蘭茲出版社（Gollancz），1975，p.81。
3. 瑞奇．奧道斯（Richard Aldous）、賽賓．李（Sabine Lee）編著《哈羅德．麥米倫與英國的全球性角色》（Harold Macmillan and Britain's World Role），貝辛斯托克（Basingstoke）：麥米倫（Macmillan），1995，p.139。

更為緊密，而英國則受到冷冷地排擠。」[4]

一九六〇年六月麥米倫發了一封備忘錄給官員們，要求他們回答二十三道問題。隨後內閣委員會頒布報告，並針對結果予以討論：

我們不能以便宜行事的態度加入共同市場。首先，我們必須理解入歐一舉必然帶有政治意味，我們得準備好接受初始六國的跨政府協議，並且共同努力達到更高的政治整合度。否則我們將無法實現本國的外交政策目標。其次，真正的「共同市場」必須有明確的目的。總而言之，我們必須接受共同關稅。[5]

一九六〇年七月，內閣委員會討論了李所發出的備忘錄。顯然地，內閣成員因入歐的代價與利益而捲起了千重浪。兩週後，麥米倫進行內閣重組，期望新成員能夠支持入歐的決定。由於當時保守黨仍舊為蘇伊士危機與帝國的撤守感到混亂與沮喪，麥米倫希望由公務員決定新的歐洲政策方向，以及是否加入歐洲經濟共同體。負責協調內閣委員會歐洲事務的羅恩・丹曼爵士（Sir Roy Denman）表示「這是英國有史以來，唯一一次由官員備忘錄推動外交政策的重大改變。」[6]

一九六一年三月喬治・鮑爾重申美國支持英國入歐。鮑爾在與愛德華・希斯（Edward Heath）與法蘭克・李會晤後表示，「美國相當遺憾英國至今仍未接受《羅馬條約》所制定的協議。若英國加入歐洲一體化的行列，必將成為自由世界整合的關鍵貢獻。」[7]

一九六一年四月至七月間，內閣委員會多次討論入歐的意義。大法官克爾穆爾爵士（Lord Kilmuir）警告入歐之後法律層面的潛在代價計有：

- 國會主權必須將部分移轉給歐洲經濟共同體組織。
- 皇室必須將部分簽署條約的特權轉讓給歐洲經濟共同體組織。

4. 戴斯蒙・迪南（Desmond Dinan），《歐洲重建：歐盟的歷史》（Europe Recast: A History of European Union），貝辛斯托克：派爾葛蘭夫・麥克米蘭（Palgrave Macmillan），2014，p.21。
5. 引自利諾爾・貝爾（Lionel Bell），《失敗行動：英國的共同市場初始計畫》（The Throw that Failed: Britain's Original Application to Join the Common Market），倫敦：新歐洲出版（New European），1995，p.156。
6. 引自馬克・班布蘭吉，《一九七五年歐洲公投第一冊：反思參與國家》，p.1960。同「傲慢」章節註24。
7. 哲西・漢海馬基（Jussi M. Hanhimäki）、厄德・亞尼・威斯坦德（Odd Arne Westad）編著《冷戰：文件歷史與口述證詞》（The Cold War: A History in Documents and Eyewitness Accounts），牛津：牛津大學出版（Oxford University Press），2003，p.327。
8. 馬丁・羅斯鮑曼（Martin Rosenbaum）編輯《英國與歐洲：我們的選擇》（Britain and Europe: The Choices We Face），牛津：牛津大學出版社，2001，p.6。

- 英國法庭將下屬於歐洲法庭並褫奪部分獨立性。[8]

大法官認為應讓英國國民深切了解入歐所可能帶來的主權犧牲，並評估犧牲的必要性與嚴重性。其他認為入歐會導致英國主權蠶食的官員們則紛紛表示：

> 過去以來，主權喪失向來為反對本國加入國際組織的最重要的論據。因為對能否保有主權存有疑慮，一九五〇年本國拒絕加入煤鋼共同體，一九五五年我們自草擬《羅馬條約》的談判會議退出。儘管《羅馬條約》並沒有明確地導向國家主權議題，但是其背後的政治目的將逐漸吞噬國家主權。[9]

一九六一年六月與七月，麥米倫詢問大英國協對英國入歐的看法。七月時，英國內閣同意與六初始會員國展開談判。麥米倫於七月三十一日向國會報告自己的決定，並承諾在進行下一階段決議以前會先向國會諮商。一九六一年八月九日，麥米倫正式向歐洲經濟共同體申請入歐，並於十月展開協商。一九六三年一月十四日，經過了激烈的協商後，法國總統戴高樂一票否決英國的入歐申請。他拒絕的原因或許和伊登所見略同：

英國是個孤島，也是海洋國家，透過非常獨特的貿易與市場交換，滿足最遙遠國度的需求。她主要活躍於工業與商業領域，對農業貿易向來琢磨不多。她保有非常獨一無二的習俗與傳統。

問題在於大不列顛是否能將自己視為歐洲大陸的一分子，並接受共同關稅，放棄大英國協時代可能擁有的優先權，並且無法再偏袒自身的農業，稱其需要特殊保護。最重要的是，英國能否放棄與其他自由貿易區域的國家所制定的特殊關係。這才是問題的所在。[10]

威爾遜與希斯，一九六四—一九七三

一九六四年工黨大選勝選後，英國首相的外交事務私人秘書麥可・波萊斯爾（Michael Palliser）宣布工黨正「重新評估」其歐洲政策，他做出結論：「雖然過早入歐會讓經濟情況轉壞，但以長

9. 引自馬克・班布蘭吉編著《一九七五年歐洲公投第二冊：當代分析與未來的課題》（The 1975 Referendum on Europe – Volume 2: Current Analysis and Lessons for the Future），盧頓（Luton）：安德魯斯（Andrews, UK），2015。

10. 夏爾・戴高樂（Charles de Gaulle），愛麗舍宮記者會，一九六三年一月十四日。

期的眼光看來，繼續維持目前的獨立狀態的話，前景或許會更暗淡。而當我們把時間拉得太長，入歐的困難性與代價還會更高。」[11]

一九六七年春天，哈羅德．威爾遜（Harold Wilson）決定入歐，並與外交大臣喬治．布朗（George Brown）展開官方之旅拜會歐洲各大首都，諮詢意見。一九六七年五月十日，英國再度正式申請入歐，十一月時，戴高樂總統再次抵制英國的申請。

一九六九年戴高樂總統卸任，而一九七〇年愛德華．希斯繼任英國首相，英國對入歐一事稍有撥雲見日之感。對當時贏得一九七〇年大選的保守黨來說，成功入歐正是首要計畫。希斯表示「他深信若英國能成為正式會員國，並全心投入歐洲事務，這對全歐都有益處，而英國自能受益。」[12] 為達此目的，希斯於內閣辦公室成了歐洲秘書處（European Secretariat）負責展開第三回合的談判。希斯整合了工黨的談判團隊，並於一九七〇年七月至一九七二年一月之間，專心籌劃入歐事務。

一九七一年七月七日，保守黨白皮書[13]強調入歐的政治與經濟效應。保守黨認為入歐後糧食價格會提升，除非歐盟共同農業政策（common agricultural policy）進行改革，否則繳納預算將成為英國沉痾。白皮書也再次重申邱吉爾的國家主權論：「我們認為，若將各別國家的主權擴大並加以共享，全歐皆能獲得最高利益。」康．奧尼爾（Con O' Neill）宣布英國的當前目標為「加入歐

洲經濟共同體，並重新取回我們自一九五八年來失落的歐洲事務核心地位。」[14]

於此同時，一九七一年五月，就在希斯與法國總統龐畢度(Pompidou)會晤不久後，後者正式承諾將撤除否決票，英國第三次申請入歐會順利通過。正如同邱吉爾、伊登與麥米倫都嘗試過修正自身政策以安撫保守黨，威爾遜也努力讓頑固的左翼政客了解歐洲經濟共同體不僅僅為資本家俱樂部而已。最後，洛伊．傑根斯(Roy Jenkins)領導的工黨議員投下了六十九張贊成票，而艾諾區．鮑威爾(Enoch Powell)領導的保守黨議員則投下三十九張反對票。一九七一年五月，入歐案通過。一九七二年，英國簽署《羅馬條約》。一九七三年一月一日，英國加入歐洲經濟共同體，並重返歐洲舞台。

然而，入歐並沒有徹底解決英國與歐洲之間的紛爭。威爾遜於一九七四年投入大選，誓

11. 請見史蒂芬．沃爾(Stephen Wall)，《英國與歐洲共同體的官方歷史第二冊：從否決到公投 1963-1975》(The Official History of Britain and theEuropean Community)，倫敦：洛特萊吉，2012。

12. 引自馬克．班布蘭吉編著《一九七五年歐洲公投第二冊：當代分析與未來的課題》，埃克塞特(Exeter)：銘刻學術(Imprint Academic)，2006。

13. 英國政府，〈英國與歐洲社群〉(The United Kingdom and the European Communities)，Cm 4715，1971。

14. 引自馬丁．洛葛琳(Martin Loughlin)，《劍與天秤：法律與政治之間的關係衡量》(Sword and Scales: An Examination of the Relationship between Law and Politics)，牛津：哈特(Hart)，2000。

言重新討論會員國議題，並決定將未來的裁判權交予全體英國人民手中。一九七五年，就在重啟談判後不久，內閣以十六比七的票數決議留在歐洲經濟共同體之內。當內閣將決議將予下議院時，此決議受到多數議員支持，特別是保守黨議員。至於工黨方面，則有一百三十七名議員支持續留歐共體，一百四十五名議員支持退歐，另有三十三張棄權票。一九七五年留歐案正式交予公投，投票結果以二比一票數決定留歐。英國在失去帝國身份的二十年後，正式舉步邁向新歐洲的未來。

不過，由於歐洲經濟共同體自成立二十年來，幾乎沒有任何重大實質進展，因此英國入歐等同深陷歐洲／後帝國泥淖。或許正因為英國入歐的目的本就模糊不清、缺乏行動分針，導致英國入歐的二十年後，同樣的問題仍舊盤旋不去，那就是——英國何時會脫歐？

入歐初期時，英國曾嘗試勸說歐洲重新思考邱吉爾的視野與伊登的實務主義，然而七〇年代中期的石油危機與內政問題延宕了此事進展。一九七八年，詹姆士．卡拉漢(James Callaghan)強烈表示拒絕加入歐洲貨幣體系(European Monetary System)。諷刺的是，瑪格麗特．柴契爾有鑒於事態走向，率先批評卡拉漢的政策為工黨左翼人士所策動的、絕望的反共同體(*uncommunautaire*)概念。

即將於英國歷史舞台登場的柴契爾，並沒有單純以經濟因素衡量入歐一事。她表示「入歐

的重點在於其政治功能，用以維持和平與國防安全……歐共體為我們打開了戰後以來被關上的那扇門，讓我們能再次面對世界。」[15]

在柴契爾勝選前，保守黨向來站在歐共體這邊。直到柴契爾企圖復興邱吉爾的三環計畫以前，保守黨依然對留歐深感興趣。

邱吉爾復興計畫：英國與歐洲、美國與大英國協的嶄新關係

一九八二年，當英國著名的政治節目《世界週末》（Weekend World）主持人布萊恩．沃登（Brian Walden）摸透柴契爾主義的中心思想後，他在節目上表示，這絕不僅僅是「英國復甦」而已，而是對衰退主義的瘋狂挑戰，此話一出，便很快地吸引到老帝國主義支持者與年輕的愛國主義者的目光。

柴契爾於一九七九年掌權時，當時的英國根本是歐洲病夫。然而一九九〇年時，英國已

15. 摘自約翰．康貝爾（John Campbell），《鐵娘子瑪格麗特．柴契爾：從雜貨店之女到鐵娘子》（The Iron Lady: Margaret Thatcher: From Grocer's Daughter to Iron Lady），倫敦：維特吉（Vintage），2012，p.80。

創造出全新的繁榮經濟模式與全球視野。在此十年之間，柴契爾期望重新為自蘇伊士危機後宣告失敗的願景政策找到新的意義。她仰賴英國的自我拯救力量、自由經濟的轉型力量與盎格魯英語圈的全球實力，重啟邱吉爾的三環政策。一九九〇年時，柴契爾於甫解放的東歐首都受到熱烈歡迎，她已成為新時代的代表人物，而非向其他強權求索生存空間的政治人物。

一九八〇年代時，復興工程宣告完成。柴契爾透過與美國聯手抵禦蘇聯並鼓吹民主價值，建立與美特殊關係。面向歐洲，她則策動歐洲市場與外交政策整合計畫。一九八〇年辛巴威獨立之際，柴契爾試圖重新涉入大英國協事務，可惜種族隔離之戰意味著機構化的組織將不再具有同等風景。

柴契爾改變了對歐關係的形式，但可惜這種改變僅止於論戰等級，而不具有實質差異。在柴契爾的三次任期內，她將「英國推入歐洲，這點大約僅有希斯足以比擬。」[16]她以邱吉爾的理想與視野鞭策自己、砥礪朝野。

柴契爾政府並不傾向脫歐，反倒期望能夠領導歐洲前進。她期望打造不同的歐洲。柴契爾眼光獨具，她知道未來關鍵在於歐洲國家必須維持其合法性，而英國必須扮演將歐洲大陸推向世界的角色。她希望透過自由市場與經濟改革擴張歐洲勢力範圍，她的觀點現在早已為多數歐洲國家所遵循。目前，沒有任何歐洲國家仍舊固守泛歐聯邦主義（pan-European federalism）。

柴契爾期望制訂單一的歐洲防禦外交政策。「我想在很多重大議題上我都是第一個發表意見的人，我認為歐洲應該試著統合眾多觀點。」[17] 柴契爾認為英國必須成為政治領導國，將美國主導的北約組織與歐洲大陸膠合在一起。歐盟委員會主席洛伊・傑根斯判斷柴契爾視歐洲經濟共同體與北約組織為「應當合併的兩機構」[18]。

而歐洲似乎對柴契爾敞開大門。時任德國總理的赫爾穆特・施密特（Helmut Schmidt）為親英派，他徹底信服柴契爾的政策方針。他期望英國以「巧實力」規劃為對歐政策的策略主幹。而施密特的繼任者赫爾穆特・科爾（Helmut Kohl），則希望重新喚起邱吉爾式的歐洲願景。科爾認為《羅馬條約》的功能不該僅限於維繫單一市場，當世界變動時，歐洲必須以全體為單位進行防禦與外交判斷。他預估，未來美國會向西尋求與中國間的平衡，而非向東制衡俄羅斯。他呼

16. 雨果・楊，《福地——邱吉爾到布萊爾時期的英國和歐洲》（The Blessed Plot: Britain and Europe from Churchill to Blair），倫敦：麥米倫出版社，1998，p.306；引自大衛・貝克（David Baker）、寶琳・史奈普（Pauline Schnapper）編著《英國與歐盟的危機》（Britain and the Crisis of the European Union），貝辛斯托克：派爾葛蘭夫・麥克米蘭，2015。

17. 引自特瑞爾・賽爾門（Trevor Salmon）、威廉・尼克爾爵士（Sir William Nicoll），《建設歐盟：歷史檔案與分析》（Building European Union: A Documentary History and Analysis），曼徹斯特：曼徹斯特大學出版，1997，p.210。

18. 請見約翰・康貝爾（John Campbell），《羅伊・詹金斯：一帆風順的人生》（Roy Jenkins: A Well-Rounded Life），倫敦：喬納森・凱普（Jonathan Cape），2014，p.527 et seq.。

籲英國重新評估歐洲的價值，而非僅著眼於其市值。

如我們所見，柴契爾與繼任首相約翰・梅傑（John Major）確實打造了新的歐洲，此成就確為歷史事實，但是卻被掩蓋在其歐洲懷疑論（Euroscepticism）的強烈形象之下。最諷刺的是，今天柴契爾夫人被視為鼓吹當代歐洲懷疑論者的第一人，以及捍衛中產階級的女武神（Boudicca）。柴契爾成了自己與繼任政府的反對者，這似乎更強化了她願為英國奮戰到最後一刻的女英雄形象。人們認為，貫穿柴契爾政治意志的正是反歐陸國家主義（Anti-Europeanist nationalism）。但唯有事實不證自明。

一九六一年柴契爾曾鼓吹親歐派也會贊同的立場：「主權或獨立本身並非我們的目的。」她向芬奇利（Finchley）的保守黨喊話：「若封閉地保持獨立並讓經濟每況愈下，那根本毫無益處，我們是在任憑其他國家取得超越英國的貿易與國際事務影響力。」[19]

但是令人訝異的是，儘管柴契爾政府提出相當具有遠見的策略，但卻沒有大刀闊斧地付諸實行。英國確實再度向歐洲展現其領導才能。但是一九八五年，德國迫於英國的忽視勉為其難地配合法國行動；一九九〇年，法國開始透過單一貨幣政策壓制德國。為什麼英國自一九八五年來成功形塑的新歐洲，會導致後來的外交孤立與政治災難呢？

巧實力

在柴契爾任內的十年間，英國歷經三次重大政治鬥爭，其目的或許在於歐洲振興，但卻造成柴式領導崩解，並讓保守黨徹底排斥歐陸。

一、聰明支出 vs 浪費支出：柴契爾的歐洲政策首要目標，就是嚴格節制過度浪費的歐洲預算。英國希望確保歐洲經濟共同體不再予人暴發戶般的負面形象。首先，她期望修改英國所應支付的歐共體預算。歷經多年談判，一九八四年的《楓丹白露協議》(Fontainebleau Agreement)[20]終於建立會員國得以修正不平衡預算的機制，而淨貢獻國英國最終得到補償。英國成功改變會員國與歐共體預算之間的關係。

二、單一市場 vs 單一貨幣：柴契爾的第二目標為創造單一市場，透過放寬管制的政策，讓「自由貿易與商業區」逐漸成形。她期望以此破壞一九八五年至一九九五年間擔

19. 摘自約翰・康貝爾(John Campbell)，《鐵娘子瑪格麗特・柴契爾：從雜貨店之女到鐵娘子》，倫敦：維特吉(Vintage)，2012。

20. 譯註：柴契爾自一九七九年十一月開始向歐共體抗議四年之久，最後，《楓丹白露協議》決定以英國給歐共體繳納預算金額與回報的差額之百分之六十六，每年向英國做出退款。

任歐盟執委會（European Commission）主席雅克・德洛爾（Jacques Delors）所制定的聯邦主義式與社會民主計畫。她反對歐盟執委會透過壟斷力量干涉立法過程，也害怕德洛爾一九八八年時的預測「十年內，歐洲經濟共同體將主導近百分之八十的經濟法規、徵稅與社會規範」[21]會成真。她譴責一九八八年德洛爾向英國工會聯盟（TUC）所發表的演說，內容提到單一市場應考量社會狀態。而英國成功改變歐洲經濟共同體的經濟與社會政策。一九九二年開始，受柴契爾任命為歐盟執委的科克菲爾德勳爵（Lord Cockfield）開始以《歐洲單一法案》（Single European Act）推動單一市場。但是儘管英國提醒貨幣聯盟的結構性危機在當時並不受到國際重視，事後卻被公認深有遠見。

三、超級大國（superpower） vs 超國家組織（superstate）：柴契爾的第三個目標是透過英國軍事與外交實力，加強歐洲區域的軟實力。比起過度官僚化與複雜的合作組織，柴契爾期望打造更為寬廣而全球性的歐陸。一九八八年，柴契爾於布魯日（Brugge）發表演說聲明，「在英國我們尚未成功撤出極權的疆界，卻眼睜睜看到歐陸集權制度從布魯塞爾重新建立起來。」[22]在接下來的數年間，英國的重點目標——歐洲國家應投增更多硬實力於危險區域，而非虛耗過多心力成立超國家組織——得到了廣泛的認同。英國警告過度氾濫的干預政策（dirigisme）會帶來危機，更被視為先見之明。

正如我們所見，英國在上述三個戰場都獲得領導權，即便有時其他歐洲國家顯得不情不願。不過，至少英國並沒有放棄歐洲，甚至還努力讓歐陸團結，那麼為何柴契爾政府會被視為失敗者呢？

聰明支出 vs 浪費支出：一九七九—一九八四

由於歐洲經濟共同體兩大融資來源——共同外部關稅與增值稅（VAT）的計算方式，英國成為歐共體的預算貢獻大國。英國為農產品進口大國，因此必須支付遠超過其他國家的進口徵稅。儘管英國繳納了高昂的預算費用，但由於其農業規模小且集約，導致無法從預算補助獲得收支平衡。一九八〇年代初期此不公平的處境，更因百分之八十的歐共體預算將投入共同農業政策（CAP）而急趨惡化，共同農業政策方針受到眾人唾棄。更慘的是，此政策的效率匱乏

21. 大衛・瑞諾斯（David Reynolds），《策變：二十世紀的英國政策與全球勢力》（Overruled: British Policy and World Power in the Twentieth Century），倫敦：朗文（Longman），1991，p.271。引自引自安德魯・穆倫之《英國左翼之歐洲大論辯》，p.91。

22. 約翰・康貝爾，《鐵娘子瑪格麗特・柴契爾》，p.416。同本章註19。

引發「奶油山、葡萄酒湖」等對生產過剩的揶揄。

柴契爾以此宣戰，誓言為英國長久的未來爭取更公平的基礎。她威脅將以「盧森堡妥協」(Luxembourg Compromise)否決歐洲財政議題。一九六六年，法國總統戴高樂曾以此規範宣稱歐共體決議嚴重影響該國主要利益，直到問題解決之前，歐盟部長理事會(Council of Ministers)依令不得投票。雖然此協議並非《羅馬條約》的一部分，但是會員國已將盧森堡妥協視為可反對政治一體化的實質手段。

一九八二年五月福克蘭群島戰爭(Falklands War)激烈之際，法國決意忽視英國的否決票。對英國而言，法國此舉等同於徹底撕毀盧森堡協議，英國必須決定是否停止金流供援。連一九七〇年代希斯展開初期入歐談判時的左右手傑佛瑞．瑞朋(Geoffrey Rippon)都猛力抨擊道，「如果歐共體不明白背棄盧森堡妥協將成為最後一根稻草，歐共體必將進入分裂與災難期。」英國《泰晤士報》督促歐共體謹慎以待，並給予英國承諾。除了對抗阿根廷的福克蘭群島戰爭之外，英國還另開戰場，針對預算問題痛擊布魯塞爾。瑞朋說，「我們不是歐洲惡棍，除非你們逼著我們變成惡棍。」[23]

柴契爾精心策劃，以親歐派政策巧妙地削弱擁護共同農業政策的國家勢力。她提高區域政策預算以扶助式微的英國工業，以同時安撫德法兩國。她提議擴大歐洲經濟共同體範圍，

好讓英國商業進入歐洲市場。一九八三年，為達成共同農業政策的協議，她承諾提高歐共體預算[24]。同時，她也同意共同重啟歐洲經濟共同體，提交報告書聲明單一市場應為策略主軸；其目標在於促進運輸自由化、讓單一市場有效運作、建立共同的歐洲標準以及專業評估之整合性。

在隨後的現實政治斡旋中，法國總統佛朗索瓦・密特朗（François Mitterrand）提出予英國百分之六十五回撥款的承諾，而柴契爾則爭取至百分之六十六。儘管歐洲懷疑論者向來自豪並不斷強調柴契爾的「手提包神話」（handbagging myth）[25]，歐洲其他國家也總是對此事深感懊悔，不過百分之一的差距根本就是法國政府樂見的微小讓步。左翼《解放報》（Liberation）讚賞英國首相讓法國了解「歐洲共同體有多麼地搖搖欲墜」[26]。

23. 約翰・康貝爾，《鐵娘子瑪格麗特・柴契爾》。同本章註19。
24. 請見歐洲理事會，〈歐洲理事會會議記錄——任期終止報告，斯圖加特，六月十九至十七日，一九八三〉（Conclusions of the Presidency of the Proceedings of the European Council）。
25. 譯註：手提包成為柴契爾在權力場殺伐決斷的象徵，當時政壇人士創造了手提包一字，用來形容與首相正面交鋒的狀況。
26. 瑪格麗特・柴契爾，〈保守歐洲宣言之序言〉（Foreword to Conservative European Manifesto），一九八四年五月二十一日。

但是，最終我們發現，聰明支出與浪費支出的戰爭，迎來了不幸的勝利。政客們很快地判斷情勢，發現反對布魯塞爾絕對是政治良藥，儘管對長期局勢而言，這將陷國家於困境之中。英國多了經濟收入，但卻喪失了信譽。柴契爾對歐洲的未來信心滿滿，但是她卻失去了朋友以及疏遠了重要夥伴。雖然政壇普遍尊敬她的作風，但是她並沒有以同等尊敬的態度理解為什麼一開始其他政客如此期望歐洲的團結。

單一市場 vs 單一貨幣：一九八四—一九九三

瑪格麗特．柴契爾自《楓丹白露協議》的談判邊緣撤退。她的幕僚很清楚地理解到被貼上歐洲流氓的標籤後，勢必得付上一點代價。英國不可能繼續當個冷面無情、邊緣化的收租者。當保守黨於英國境內全力推動自由市場資本主義制，並且採三管齊下的方式推行私有制，展開反工會、反管制運動時，柴契爾也決定對歐洲下此猛藥。

柴契爾期許完成《羅馬條約》所勾勒出的願景，創造出「讓商品與服務自由流通的共同市場」。她認為「唯有透過持續不斷的努力，消除歐洲內部的貿易障礙，我們才能讓全歐洲公民受益……」[27]

一九八五年，歐盟委員會發表了詳盡的藍圖與時程表，將零散的歐洲國家市場進行統合，並預計於一九九二年末實現沒有國界的單一大市場。《申根公約》(Schengen agreement)正式簽署，並逐步撤除歐洲內部邊界管制。一九八六年四月，下議院通過《歐洲單一法案》。該法於一九八七年正式上路，確保符合單一市場原則的法令與管制能無障礙通過。一九八六年至一九九二年間，歐盟通過近兩百八十件法案，以確保近十二組的會員國國家法案能夠被單一歐共體法律所取代。

但是，付出如此的代價值得嗎？此辯論背後的矛盾點在於，雖然柴契爾所推動的《歐洲單一法案》為單一市場背後最主要的推力，但英國所面對的否決票浪潮，使柴契爾同時為自入歐以來退守最大主權界線的英國主政者。不過，英國仍舊接受了有效多數票的邏輯，以便創造單一市場，並確保歐盟部長理事會仍舊握有實權，好讓會員國能夠爭取對歐洲議程的掌控。

不過單一市場的建立，促使歐共體重啟社會歐洲(social Europe)與貨幣聯盟的願景。法國總統密特朗認為，若歐共體無法提供具有經濟價值的貢獻予歐洲人民，歐共體必然會走向分裂。此時，歐洲的失業人口已逼近兩千萬大關。不管是在英國或歐洲，社會主義運動早已全

27. 請見大衛・高嵐(David Gowland)、亞瑟・透納(Arthur Turner)編著《英國與歐洲統合 1945-1998：一段史實記錄》，倫敦：洛特萊吉，2000，p.173 et seq.。

盤否決資本主義式的歐洲計畫。密特朗所領導的法國曾經嘗試走上國家主義式的凱因斯主義經濟學(Keynesianism)道路，但結果卻是灰頭土臉。一九八三年大選時，英國工黨以脫歐為競選口號。一九八七年時，當《歐洲單一法案》進入下議院時，遭到工黨議員一致否決。也因此，一九八七年大選時，瀰漫著懷疑的氣氛。出於恐懼與懷疑，德洛爾推動政治運動以連結德國與歐洲中間偏左的政黨支持，建立「以單一貨幣為基礎的社會歐洲」[28]。

問題就此展開。沒有任何實質約束力的《歐洲單一法案》，在序文期許「進一步展開實踐貨幣聯合的歷史進程」；於二〇號條文建議會員國共同合作，以「達到經濟與貨幣政策統合之目的」。如此鬆散的法律文字像是打開了潘朵拉的盒子一般，而這絕不是柴契爾或其政府所樂見的歐洲未來。

自此，柴契爾和理論上信奉德洛爾邏輯的傑佛瑞・侯艾(Geoffrey Howe)等人馬之間出現了鴻溝，後者認為建構單一市場需要經濟措施配套，好比嚴謹的商業競爭政策、運輸與能源自由化、環保與社會相關政策。屬「中間路線」的保守黨認為如果要建造真正的單一市場，就必須配置中央管制政策，取消所有地方貿易障礙，以活絡經濟競爭。畢竟地方貿易限制正是貨物、服務、資本與勞工自由流通的主要障礙，而這正是《羅馬條約》所約定的內容。歐洲法院(The European Court of Justice)必須承擔確保會員國國家人口確實遵守地方，甚至全球貿易法規的重

責大任，以維護單一市場為主要貿易範圍。

柴契爾政府的矛盾在於雖然共同市場是英國屬意的目標，不過由超國家組織執行此進程卻是徹底缺乏民意共識基礎的選項。托利黨（Tory）[29]認為單一市場應透過時間慢慢演進，並排斥對主權的絕對或暫時性放棄。任何迫使會員國接受單一貨幣或單一社會政策的一體化手段，都會因其政治目標而導致經濟利益受損。在當時，這不僅大大違背政治現實，也對雷根與柴契爾政府的經濟改革有所不利。對於期望成為大西洋兩側自由經濟市場核心的英國來說，更是無稽之談。

一九八八年六月，歐洲領導者們指出「接受《歐洲單一法案》的會員國，等同認同經濟貨幣聯盟（economic and monetary union）的長遠目標。」[30]德洛爾設想以三階段實現經濟貨幣聯盟，但結果卻是一九九九年時，歐洲國家原貨幣皆以固定率別轉換為歐元。

此時柴契爾仍舊對《歐洲單一法案》進程的重要性感到滿不在乎，並讓有志者得寸進尺。

28. 請見喬凡尼．莫洛（Giovanni Moro）編著《單一貨幣與歐洲公民身份：銅板的另一面》（The Single Currency and European Citizenship: Unveiling the Other Side of the Coin），紐約：布魯斯布里出版（Bloomsbury Academic），2013。

29. 譯註：保守黨別稱。

30. 經濟貨幣聯盟研究委員會（Committee for the Study of Economic and Monetary Union），〈歐洲共同體之經濟貨幣聯盟報告〉。http://ec.europa.eu/economy_finance/publications/ publication6161_en.pdf

當時她和下議院解釋，歐陸各國僅有空泛口號而欠缺準備，因此加入經濟貨幣聯盟不等同未來將接受單一貨幣或歐洲中央銀行。

柴契爾自己很清楚，根本沒有現存機制足以建立單一貨幣，她並非在外交部聯邦派的蒙蔽下接受法案，而是因為她深信科爾絕不願意放棄德國馬克（DEM）、法案內容根本淪於空談而無實際意義；若未來歐洲確有能力發行單一貨幣，那《羅馬條約》的內容勢必得依情修正。

當時柴契爾擬定戰術，準備以柔和話術先行測試水溫，未來再以強硬態度主導情勢。換句話說，她等待歐陸醞釀自身觀點，並準備在巨大的內部衝突矛盾發生時，再酌情介入。英國在經過楓丹白露的教訓後，選擇以柔軟態度面對歐陸國家，收斂鋒芒。

一九八五年十二月，柴契爾已擔任首相六年，除了取回英國應得的回撥款以外，單一市場計畫也成為英國政府未來主要任務。她在歐洲戰場來去廝殺兩回，不管是在單一市場或經濟利益上，她都勝券在握。雖然《歐洲單一法案》在英國本土引起不小波瀾，不過也成為一個契機，使英國得以清除《羅馬條約》之四大自由化原則（four freedoms）話術與保護主義者之現實間的差異。而《歐洲單一法案》也是英國對歐之兩個歷史性貢獻中的第一個，第二個貢獻則是讓歐陸團結、使其擴張。

超級大國 vs 超國家組織：一九八七—一九九三

儘管蘇聯崩解，但是英國並沒有放棄宣揚單一市場的理念。柴契爾與外長傑佛瑞．侯艾不僅對單一市場懷抱期待，更進一步提出新的歐洲願景。侯艾所率領的外交部門聲明如下：

> 除非我們真正成為歐洲的一分子，否則歐共體會員國身份將徒具形式，而無實際意義。法國與德國同樣透過一番努力，才建立了彼此之間的關係。而兩國都因著各自的理由，期待本國的加入。由於法國嚴重的本位主義……德國政策混亂不清，我們必須下定決心擬定方針……以提出共同遵守的政策。[31]

柴契爾與侯艾知道德法聯盟在尋求英國支持的同時，又排斥英國的過度干涉。然而他們也曉得德法聯盟深知英國為歐洲防禦安全陣線的核心，忽略英國的代價實在太大。

31. 請見史蒂芬．沃爾，《歐洲的陌生人：從柴契爾到布萊爾的英國與歐洲》(A Stranger in Europe: Britain and the EU from Thatcher to Blair)，牛津：牛津大學出版，2008，p.63。

兩人聯手策動歐洲政策發展方向，他們呼籲歐洲停止簽署過度理想性的條約，加速建立單一市場以獲得經濟利益，並大膽倡議建立單一外交政策，讓歐陸整體獲取更多權力。侯艾評論道，「歐洲的未來與任何紙上談兵無關，真正有助益的是具組織、彈性與政治目的的合作，如此一來，歐洲才能攜手前進。」[32] 柴契爾提到，「我們希望看見歐共體在世界事務上表達更為一致的行動判斷。這才是所謂的，團結的歐洲。」[33]

她與施密特、密特朗、科爾明確支持下述項目：

- 持續發展共同外交政策。
- 歐洲必須負擔更龐大的防禦責任。

柴契爾也期望共同農業政策能夠發揮最高效益，補助特定發展與研究，並優先推動相關政策。此外，她還成為第一位推動環保與經濟連動政策的歐洲領導者，領先時代。

英國一改往日節儉、吝嗇的歐洲小媳婦負面形象，改以正面、民主的觀點，推動符合大歐洲的外交政策。這正是英國運用巧實力制訂大歐洲外交政策，以吸引新會員國的策略。

德法兩國對柴契爾的英國外交政策方向，大表歡迎。對巴黎和柏林而言，此際正是英國介入歐洲事務的全新起點。

對柏林來說，英國的願景鞏固了彼此間的關係。屬親英派的科爾認同以更完善的西歐合

作架構，作為擴展大西洋聯盟的利器。更進一步來說，科爾與柴契爾都視歐洲為自由世界的核心，並準備以民主作為政治號召，以此吸引其他國家加入，好比一九八六年的西班牙與葡萄牙。

在巴黎方面，柴契爾的宏大計畫獲得尊崇。法國政府特別喜愛推倒貿易屏蔽，同時重獲日益匱乏的歐洲領導權的概念，巴黎希望自己不僅在防禦外交政策上具有份量，也能對社會歐洲與單一貨幣有所掌握。

如同英國駐巴黎大使所回報的內容，「所謂的……歐盟，到底與何有關？法國人最開心的是他們不必知情或論述，他們唯一相信的是躲在這歐盟大帽子底下可預期的好處，那便是領導權。」[34]

因此，一九八五年，柴契爾與侯艾以兩政策為基礎，在科爾的沉默支持下，提議由一新組織訂定聯合歐洲外交政策。德國同意以三邊並行為原則，同時接受巴黎的社會歐洲概念以

32. 請見史蒂芬・沃爾，《歐洲的陌生人》，p.46。同本章註31。

33. 瑪格麗特・柴契爾，經濟貨幣聯盟研究委員會（Committee for the Study of Economic and Monetary Union），〈英法協會晚宴演說〉（Speech at Franco-British Council Dinner），一九八四年十一月三十日。

34. 請見史蒂芬・沃爾，《歐洲的陌生人》，p.45。同本章註31。

及倫敦的外交政策統合政策。他們稱此為「歐盟」。

眼前只有一個問題。不似柴契爾，科爾與密特朗擔憂歐洲擴大會造成終極的破裂。當共合體無限擴張後，離心力自然會引發分裂。對德法兩國而言，並非擔心失去歐共體統一的未來，而是暴力回彈至一九三〇年代場景的潛在可能。兩國領導者認為，若組織連結走向更為深厚，可以防止過度擴張。

不過對當時的情況而言，究竟何謂更深厚的組織連結呢？英國提議單一市場與外交政策；法國提議單一貨幣與社會歐洲之概念；而德國則交出讓上述兩國目標融合得更為完整的架構基準。為解決此問題，一九八五年召開成員國政府會議（Intergovernmental Conference，IGC），以最高政治層級探討歐洲的未來。

值此之際，英國可以選擇建立《英德協定》，畢竟兩國有著明顯的共同立場；又或者選擇於高峰會達成協議，並設計德法兩國相爭，以此漁利。當時多數會員國都認定《羅馬條約》有修改必要，以符合現階段思考趨勢，由於英國擔憂法國的提議會優先進入立法階段，英國排斥將條約修改放入議程，因此投票否決高峰會結果。不過，除了丹麥與希臘以外，英國沒有爭取到其他任何會員國的支持。英國陷入慘敗。儘管一路以來，英國領導著爭議走向，但卻在短兵交接時敗陣，並遭其他會員國圍殲。一場關於歐洲的未來的超級強國與強權的戰爭，

就此揭開了黑暗的序幕。

在此策略挫敗之後，歐洲更歷經三場歷史事件，隨後歐洲懷疑主義風潮徹底爆發。首先是布魯日，接著是一九八九年柏林圍牆倒塌，再來則是一九九三年《馬斯垂克條約》(The Maastricht Treaty)的激戰。保守黨徒在漫長的五十年衰敗之中，單靠後殖民復興美夢得以麻醉糜爛，此時卻被強迫面對殘酷現實。他們似乎遺忘了瑪格麗特．柴契爾創造的契機。

布魯日觀點

英國的麻煩起始於伯恩茅斯(Bournemouth)。為提高工黨與工會對歐共體的接受程度，一九八八年九月德洛爾於英國工會聯盟記者會發表演說，承諾將為早已襤褸不堪的社會主義大旗謀求新戰場。布魯塞爾正著手制訂社會與就業政策，而德洛爾向左派揭示了不可抗拒的遠景。此舉等同在傷口上灑鹽，德洛爾傻傻以為，百分之八十的國家法律都將由歐盟決定，而歐盟的未來昭然若揭。

面對新的歐洲戰局，瑪格麗特．柴契爾，認為此刻英國不如重新操作過去她所提出的策

略。德洛爾發表演說不到一個月後，柴契爾展開反擊。她在歐洲學院（The College of Europe）向歐盟執委會主席展開攻勢。演說內容企圖整合過去四年間所發表的、較為正面積極的歐洲提案，以回應眾人對未來方向的迷惑，但可惜由於內容整合碎裂流於浮面，因此醞釀了新一波的英國歐洲懷疑主義（British Euroscepticism）。

柴契爾警告「布魯塞爾將成為歐洲超國家組織的掌權者」，她又提到「英國將於歐洲發起針對集體主義（collectivism）與統合主義（corporatism）的戰爭」[35]。此演說讓柴氏支持者相當亢奮，並向全歐陸的有志者發出訊息。不過，演說也讓柴契爾的立場一覽無遺：

- 國家主權的重要性遠超過國家組織。
- 在必要情況時，會員國必須以跨國方式進行合作，決定歐洲的未來。
- 超國家法院不得凌駕於國家議會或司法機構之上。
- 歐盟執委會應具備提出立法動議（legislative initiative）的權力，而非歐盟部長理事會。

事實上，這不僅僅是延續張伯倫與邱吉爾的英國對歐政策，更是未來約翰．梅傑與東尼．布萊爾（Tony Blair）的政策走勢。

柴契爾三十年前所勾勒的歐洲未來，確實已在此刻浮現。今日，幾乎所有歐洲領導者都不得不認同柴契爾的預測。她說的不但是事實，而且，我們早已親身經歷。

柴契爾重新壯大外交政策目標，她為英國打造了第二次對歐政策的重大轉變——擴張。她特別點出華沙、布拉格與布達佩斯皆為偉大的歐洲城市，對比深入的小型聯盟，她期許更為寬泛的歐洲結盟，並與北約組織聯合形成歐陸防禦體系的基石。

如果其他會員國對英國的提議感興趣的話，英國等同重新取回發球權。但假使眾領導者排斥此方案，那麼歐洲勢必再度回到戰國時代，互相爭奪未來大權。柴契爾所做的相當於馬丁・路德（Martin Luther）將《九五條論綱》（95 Theses of Contention）釘在維騰堡（Wittenberg church）教堂大門門口一事。一年後，柏林圍牆倒塌，證明柴契爾的計畫不再只是癡人說夢。歐洲準備好重新再起。

歐陸視野

很少人能夠忘記一九八九年至一九九一年之間，歐洲歷史上發生了多麼具有革命意義的事件，更遑論此事對全世界造成的震盪。柏林圍牆的倒塌，讓一九四五年後被排除在歐洲政

35. 瑪格麗特・柴契爾，《布魯日演說》，歐洲學院，1988。

治圈之外的中歐與東歐，再度登場。而七十五年前造成歐洲內戰的塞拉耶佛（Sarajevo）槍響，已悄然遠去。

星星之火燎燒了整個歐洲。兩年之內，蘇聯解體，並從鐵幕國家化身為另一個遙遠的歐洲國度。歐陸風雲變色之際，德國於一九九〇年統一。德國過去有無數豐功偉業，又於瞬間毀滅，然而歐洲的權力與名譽確實有其廣博深厚難以動搖之基礎。一九八九年之初沒有人能料想到，該年之末，歐洲的未來根本成了人人有份的大獵場。

然而或許沒有太多人記得，此一歷史事件也為柴契爾與密特朗兩方互相衝突的爭鬥帶來了革命性的改變；此前，柴契爾認為歐洲理當成為保護並反映布魯日為民主、自由與法治的價值觀之地，反觀密特朗則認為應建造超級國家以制衡德國。面對嶄新的德國，權力遊戲的規則也大幅改變，英國沒有獲得掌控歐洲的權力，反而受到排斥。德國統一給歐洲懷疑主義份子帶來致命的一擊。人們恐懼在德國觀點下發展的歐洲會呈現機械般的統一機制，此恐懼讓歐洲對德國的古老迷思再次復甦。[36]

歐洲此際風雲變色，密特朗與柴契爾彼此心知肚明，若德國再起，對兩國而言都將為不利局面。柏林圍牆倒塌一個月後，兩人在位於法國史特拉斯堡（Strasbourg）的歐洲理事會（European Council）會晤，柴契爾的烏托邦理想遭法國總統忽視。此刻的自由德國，手握資本與商業勢力，

對英法兩國造成無比壓力。因此，他們勢必得先採取制衡手段。首先，兩國決定阻止統一。

蘇伊士事件後，對於該如何面對德國，倫敦與巴黎有著相同的顧忌，卻以截然不同的路徑企圖抵達目標。兩國的共通之處在於對德國勢力的懼怕。密特朗的資深顧問賈克·阿達利(Jacques Attali)向約翰·梅傑表示，他認為德國將預謀於世紀交際之時取得核武，除了統御東歐以外，將與冷戰領導國美國，共同與蘇聯、日本抗衡。而上述觀點遂成為柴契爾的心頭之患。

儘管後續發展很快地就推翻了阿達利的觀點，但問題不在於判斷準確與否，兩國所採取的手段才是問題所在。對法國來說，德國的政治勢力必須被包覆在歐洲架構之內，這代表必須以「政治合盟」(political union)的架構，壓制柏林的軍事勢力。而德國的經濟實力則必須平等地部署於歐洲之內，這代表以單一幣制將取代德國馬克。雅克·德洛爾巧妙地將算計隱藏於歐元演說之後：

> 我們必須推行單一法以加強共同體之間的連結。但是單一法案已不足以成事。改變的大浪已經襲來，我們必須加快腳步趕上。唯有強健，並且具有自信的

36. 見溫斯頓·邱吉爾，《邁向勝利》(Onward to Victory)，倫敦：卡塞爾公司(Cassell & Company)，1943。

歐洲共同體……才能真正掌控改變的方向。我們必須朝以下兩個方向推動：幣制的一體化與政治協作。37

德洛爾的真正意思為：過去我們贊同超級大國的概念，但是德國現在已經加入角力，因此我們必須採用德國也支持的超國家組織名義，限制其政治與經濟力量。

這自然為兩方得利之計。德國人願意放棄強勢馬克，換取統一，而法國則願意喪失部分主權，以將德國編制進自己的計畫裡。於是，一九八九年十二月，政府領導者們發表聲明表示一九九〇年四月的成員國政府會議時，將共同討論經濟與貨幣統一，並將於時程未定的下一次會議中，討論政治合盟。

突然之間，柴契爾坦然地駁斥了法國提出的選項，儘管兩方原本對德國問題有了初步共識。將德國納入歐洲編制，等同把全歐洲交到德國的手上。對柴契爾而言，此舉近乎將華沙、布拉格、布達佩斯納入莫斯科編制之中，而歐洲其後的發展確實也往她所擔憂的方向邁進。當歐洲歷史往獨自分立的目標邁進時，為何提議建立中心集權化的組織呢？可惜的是，英國無法提出任何替代方案讓強權國家重啟談判、謀求權力平衡，頂多運用《英法協約》停止統一進程，最糟至少防守住萊茵河區。

柴契爾在都柏林的成員國政府會議時，運用不同手段推進己方策略，她一方面向會員國勸說，認為當共同貨幣演進為單一貨幣時，即可達成經濟統一；另一方面，她認為會員國可依舊透過部長理事會達成決議，進而謀獲政治統一，反之歐洲議會僅會製造喧囂。她表示應繼續保有各國主權，而這正是英國最主要的目的。

然而，對一九九〇年四月的情勢來說，這個想法已經來得太晚了。柴契爾忽略了此時最急迫的是政治統一，而非經濟問題。英國歐洲專員列昂・布列坦（Leon Brittan）表示，如果此為必要的政治進程，要達成柴契爾的政治目標，僅能透過經濟同盟的內部組織，協同法國給予德國實質縮限，任何外部動作已缺乏效益。換句話說，英國必須加入此行列。此時的柴契爾可說是進退維谷。

柴契爾於單一貨幣戰爭中挫敗，她轉而指控歐洲經濟共同體使用彷如「走後門」的手段，創造歐洲聯邦，此舉等同間接的「扼殺民主」。對眾領導者而言，此時的柴契爾已是孤注一擲。此外，柴契爾對歐洲經濟共同體所抱持的強烈懷疑態度，也與民意有所對立。一九八〇

37. 歐盟委員會，〈一九九〇年歐盟執委會主席雅克・德洛爾向歐洲議會報告及其後辯答〉（The Commission's programme for 1990: Address by Jacques Delors, President of the Commission, to the European Parliament and his reply to the debate）。歐洲聯邦通報（Bulletin of the European Communities Supplement），1(90)，一九九〇年一月十七日，p.11。

年代初期英國民眾對歐共體的反對態度，隨著進入九〇年代，早已轉為支持並願意維持會員國身份。對英國民眾來說，他們並不恐懼德國。該年十一月，柴契爾被歷史遠遠拋在腦後，並被自己的內閣推翻。

約翰・梅傑承襲柴契爾的位子擔任英國首相，此時保守陣營的反歐派開始茁壯、擴大，並操作一九九二年大選所獲得的二十一個席次，這個數量僅些微過半。梅傑承接了柴契爾的跨政府概念，並繼續打著歐洲經濟牌，只不過搭配了如「讓英國成為歐洲的心臟」等等的虛幻詞藻。

然而，梅傑必須面對無可迴避的四大難題：

一、他的勝選意味著他必須安撫親歐派人士，因為他們已對柴契爾的歐洲懷疑主義越來越不耐。

二、他與柴契爾都被迫接受讓英鎊加入歐洲匯率機制（European Exchange Rate Mechanism，ERM）的歐盟整合政策。

三、保守黨內的部分反歐派議員開始朝布魯日聚攏，以維護柴契爾的政治殘餘勢力。對梅傑來說，他必須防範親柴契爾派的反動。

四、此時雅克・德洛爾提議透過《馬斯垂克條約》進行全面的歐洲一體化政策，並成立社

會、貨幣與經濟同盟的超國家組織，歐洲歷史正朝柴契爾大力反對的方向邁進。一開始梅傑顯得遊刃有餘。他的馬斯垂克談判成功抵擋了三大超國家組織的其中兩項。他成功滿足了保守派的期待，那就是在其他歐洲國家無法接受布魯日觀點的情勢下，讓英國保有自己的空間。

接著，一九九二年九月十六日，英鎊遭到歐洲匯率機制難堪的拒絕，此事的背後操手為一絲不苟的德方，以及隔岸觀火的法國。對保守黨來說，這不過是一場對柴契爾的歐洲預言所做的配合演出。此時的梅傑如同被托利黨挾持一般動彈不得。梅傑現身於最毀壞的時代，人們指責他無知、判斷失準，唯唯諾諾的他根本無法擔任英國的領導者。

一九九六年，七十四名保守黨投票支持比爾．凱什（Bill Cash），當時他的論點為「保持現狀，交付公投」（thus far and no further without a referendum）。梅傑的歐洲舞台在還沒開始前就已落幕。一九九七年大選，梅傑兵敗如山倒。

布萊爾觀點

繼梅傑政府的歐洲政策癱瘓後，緊接著上台的新工黨（New Labor）政府重新運用柴契爾的超級大國理論，並計畫讓英國再度成為歐洲的領導大國，新工黨政策支持歐洲擴張、軍事統合與現代化，並奉行新的自由干預主義。倫敦預計成為大西洋的權力中心，並對其他歐洲國家產生磁吸效應。新工黨承諾讓英國成為歐洲之心，並期望與大英國協、美國，共同合併三環區域。

過去梅傑政府礙於黨內勢力的阻撓，而無法確實建立英國的歐洲領導地位。因此，布萊爾與布朗（Gordon Brown）政府希望能避免重蹈梅傑政府的覆轍。一九九五年四月，布萊爾於皇家國際事務研究所（Chatham House）發表演說，再次強調英國唯有透過取得歐洲事務的領導地位，才能重回世界舞台中心，他希望未來朝兩方面進行政治努力，那就是由英國領導歐洲的防禦外交政策，並且建立單一市場。

但眼前還有種種難題。面臨日益反歐的媒體以及再選的迫切壓力，新工黨決定將歐洲議題去政治化。然而結果卻是，儘管英國逐漸取回歐洲經濟與安全政策的主導權，但英國本土民眾卻對重新實踐邱吉爾的夢想，缺乏理解與支持。當時布萊爾的想法是全力固守國內大

選，同時展開極具攻擊性的外交政策。[38]

一九九八年十二月，英法聖馬洛（St. Malo）雙邊會議確立防禦體系，為歐洲共同安全防禦政策打下基礎。二〇〇〇年三月於里斯本展開的歐盟高峰會上，英國成功獲得泛歐洲聯盟支持，推動以知識為基礎的經濟轉型政策。

但隨著新工黨的多次執政，初期的政策承諾日益消散。英國慢慢失去最初掌握的制訂歐洲政策的領導者地位。儘管一九九七年與二〇〇三年時英國提案獲得成功，但自九一一恐怖攻擊事件後，英國全面支持喬治・布希（George W. Bush）總統的外交政策態度，受到歐陸強烈指責。原本在議程結盟上已顯得舉步維艱的布萊爾政府，成了眾矢之的。大西洋主義派與以法國總統賈克・席哈克（Jacques Chirac）為首的戴高樂主義者[39]之間的分歧日益嚴重，這正是美國國防部部長唐諾・拉姆斯斐爾德（Donald Rumsfeld）所言，「舊歐洲」與「新歐洲」的新分裂。布萊爾深知英國已經無法繼續擔任歐洲與美國之間的橋樑。他選擇與小布希總統站在同一陣線。

38. 見賽蒙・貝爾摩（Simon Bulmer），《新工黨，新歐洲政策？布萊爾、布朗與實用派超國家主義》（New Labour, New European Policy? Blair, Brown and Utilitarian Supranationalism），議會事務（Parliamentary Affairs），61（4），2008，pp.597-620。

39. 譯註：戴高樂主義者支持藉由法德合作不讓英美主控歐洲發展的大方向，與主張接受美國完全領導的大西洋主義者（Atlantists，即北約國成員國）相對。

伊拉克戰爭破壞了英國與法、德之間的友好關係，因此英國政府根本也無能繼續推動歐洲轉型議程。此外，伊拉克戰爭讓布萊爾的國民支持度長期下滑，這也讓他在面對普遍反歐的媒體時，持續尖銳地捍衛歐洲政策。

然而，導致布萊爾議程計畫失敗的，不僅是遙遠國境外的戰爭。他和之前的英國領導者邱吉爾、伊登與柴契爾一樣，都遇上了最糟糕的時機。布萊爾面對兩大難題——歐元與《憲法條約》（Constitutional Treaty），如此意見分歧的議題導致歐洲懷疑主義浪潮再起，而新工黨一面遲疑是否該大膽爭取主導權，一方面又對近在眼前的大選感到窒礙難行。

從新工黨大力鼓吹單一貨幣與《憲法條約》的優點，卻又將兩議題交付公投這點，可明顯察覺其猶疑的態度。不過，二〇〇三年六月九日，財政大臣戈登．布朗宣布英國將不會加入歐元區後，顯然已經沒有將單一貨幣議題付諸公投的必要。接著，二〇〇四年四月，布萊爾宣布英國政府將會舉辦公投，讓民眾為即將進入議程的《歐盟憲法條約》進行投票，除了希望藉此讓《憲法條約》更為中立並獲得議題性以外，也希望為新工黨政府的歐洲政策爭取民意基礎。不過法國與丹麥於二〇〇五年五月、六月否決《憲法條約》，讓布萊爾徹底失去了為英國在歐洲贏得一席之地的機會。

二〇〇五年下半年，就在英國擔任歐盟輪任主席國時，布萊爾做了精湛的政壇告別演

出。二〇〇五年六月二十三日，布萊爾於史特拉斯堡舉辦的歐洲議會發表重大演說。他希望在為《歐盟憲法條約》進行的兩次公投[40]結束後，為歐洲提出新的願景；他希望歐盟進行經濟與社會政策改革，以靈活因應未來的全球化挑戰。對於針對《憲法條約》所進行的辯論，他問道這是否有讓歐洲領導者更明瞭民意，畢竟這正是舉辦公投的初衷。布萊爾的演講清晰而有力地陳述了英國自戰後以來的歐洲觀點：

歷史的潮流站在歐盟這一方。今天有許多國家前來參與此會，因為他們都認為聯手合作遠勝過單打獨鬥。

美國是世界唯一的超級大國。不過未來數十年間，中國與印度將成為全球最大的經濟體，兩國家的個別人口皆超過歐盟國家總人口數的三倍以上。如果我們希望未來仍在世界占有重要地位，就必須將歐洲團結起來，彼此合作。

現在到了必須改革的時刻。如果我們拒絕改革，如果我們又陷入歐洲懷疑主義的憂鬱之中，如果歐洲國家面對當今挑戰時，選擇互相取暖，認為我們可以被

40. 譯註：此處指荷蘭與法國針對歐盟草擬憲法所舉行的公民投票，當時投票結果反映民眾對歐盟的普遍不滿。

排除在全球化之外，讓眼前機會快速消失，並認為一再重複過往的政策就能達成其效益，那麼我們將徹底失敗。我們將遭受重大的策略性失敗。歐洲的人民正在等待我們聆聽他們的聲音。

在此關鍵演說中，布萊爾作了強而有力地結尾，要求與會各國體察現實，並且警醒面對世局：

> 人們在大大小小的城市發出呼喊呢。我們聽見了嗎？人們亟需領導者，我們應當現在就做出回應。作為政治領導者，我們應當走入群眾，讓他們視歐盟的領導為解決之方，而非問題的所在。41

問題不在於此；問題在於不管布萊爾、布朗或是新工黨如何轉換對歐洲外交計畫的話術，都無法得到本土民眾的背書。布萊爾對傳統媒體相當排斥，他期許自己為改革者，但顯然報業記者並不買單。一九九九年夏天，布萊爾在德國亞琛（Aachen）發表演說時提到，「我的目標相當大膽……我希望在未來的幾年內能夠徹底解決英國對歐洲的矛盾心態。我希望終結

這種懷疑感、缺乏信任的恐歐症。」[42]布萊爾沒有取得成功。在他辭去首相一職時，約有百分之三十六的受訪英國民眾認為應該續留歐盟，百分之二十六的受訪者則表示反對。距此十年前，此數值比例為三十四比二十八，英國人民對此議題的看法幾乎沒有轉變。

雖然英國對許多政策的影響力大幅提升，好比經濟競爭、氣候暖化、內部安全以及打擊全球性貧窮問題等，但是新工黨仍舊無法提出軟實力總體策略。從一九四八年邱吉爾制定三環計畫至二〇一〇年，三環區域完全沒有更為緊密的趨勢。

衰弱與蕭條：二〇一六年的脫歐

自二戰結束以來，英國不斷翻新對歐策略。毫無疑問地，英國政府一直嘗試要實現邱

41. 東尼・布萊爾，歐洲議會演說，布魯塞爾，二〇〇五年六月二十三日。

42. 飛利浦・史提芬（Philip Stephens），〈布萊爾政府與歐洲〉（The Blair Government and Europe），《政治季刊》，72(1)，2001，pp.67-75, p.67；安德魯・查德威克（Andrew Chadwick）、瑞奇德・赫夫南編著（Andrew Chadwick & Richard Heffernan），新工黨文選（The New Labour Reader），劍橋：政體出版（Polity Press），2003，p.253。

吉爾的夢想。一九七九年時，英國的舞台僅限於歐洲，而此次英美關係復甦時，不僅兩國勢力均等，在外交、經濟政策方面也具備相仿的結構，這顯然是全新的外交機會。而將英國視作可團結歐陸環與美國環的橋樑之概念，也因此逐漸浮上檯面。當時認為，若能在倫敦、柏林、巴黎與華盛頓之間建立協同目的，倫敦就可因此成為歐洲與全球事務的重要角色。

儘管柴契爾與布萊爾基本上都贊成加入歐盟，不過柴契爾的對歐計畫被德國統一的紛擾模糊了焦點；布萊爾則因為選擇投入伊拉克戰爭，而捨棄了歐洲環與美國環的責任。兩人模糊不定的態度，使得英國民眾的反感日益升高。柴契爾與布萊爾都曾經取得成功，卻又以失敗告終。他們製造了政治真空，英國人民陷入混沌。直至一九九七年大選時，歐洲懷疑主義再度爆發。

二〇一〇年，大衛．卡麥隆（David Cameron）擔任首相的時期，當時幾乎所有嚴謹的協同合作都宣告破局，英國也慢慢淡出世界與歐洲舞台。不管是卡麥隆的外交政策短視，或是保守黨的偏狹視野以及黨內分工方式，導致具策略性的提議難產，都是英國外交失勢的原因。英國進入了群龍無首的年代。

自二〇一〇年後，歐洲對外關係委員會（European Council on Foreign Relations）針對會員國所進行的年度軟實力評鑑，都將英國外交政策列為歐洲前三實力國家（而非落後國），然而此評鑑顯然過

度樂觀。雖然英國仍舊有能力進行零星的干預，好比制裁俄羅斯、促進跨大西洋貿易及投資夥伴協議（Transatlantic Trade and Investment Partnership，TTIP）、干涉利比亞內戰、打擊 ISIS，以及提供中東區域人道援助，但是英國已經無力再對歐洲的未來創造願景。

當時的法國外交部長洛朗．法比尤斯（Laurent Fabius）公開抨擊英國對歐洲外交的輕忽，特別是缺乏長期一致性的政策；一英國退休軍官公開批評卡麥隆政府「對外交政策毫不在乎」；另一資深前英國駐歐洲外交官員羅伯特．庫柏（Robert Cooper）則認為英國缺乏鬥志與方向。

這代表英國對權力的全面棄守；其背後原因在於卡麥隆無能解決黨內現代派（modernisers）、守舊派（traditionalists）與國家主義派（nationalist）之間的鬥爭，也無法將眾派系納入張伯倫式的框架之下，同時尋求全新的英國世界角色，除了擔任美國主要衛星國之外，也繼續固守過往的舊歐洲責任，化身為盎格魯薩克遜的特洛伊木馬，抵抗商業與個人自由的限制屏障。卡麥隆身為現代派信徒，他首先規訓黨內人士要求他們「不得再議論歐洲議題」，以此消滅黨內異議。二〇〇七年，卡麥隆試著為英國參與歐洲事務提出較為積極的作法，也就是所謂的三大全球化議程（3G agenda），由英國率領全球控制氣候暖化、全球競爭與全球貧窮議題。只不過，事實證明當卡麥隆的計畫碰上強硬的歐洲懷疑主義派時，根本是以卵擊石，不堪一擊。

對歐洲懷疑主義者的遠景來說，有三大方向最為關鍵：

首先，是**經濟**。自一九五六年起，英國執行全新經濟政策，並且創造優於其他歐洲國家的經濟榮景，這使英國得以塑造自外於歐洲的世界之島的形象，並且成為全球的經濟模範。也因此，當時的歐洲懷疑主義者開始積極反對加入歐盟，並且傾向支持美國。

其次，是**布魯日**。當柴契爾受到政壇圍剿時，刺激了歐洲懷疑論者群起反對歐洲超國家組織的建構。這點似乎和一九八八年柴契爾布魯日演說時所帶來的振奮感不無相關，當時的英國被視為足以領導歐洲的超強國家，而這種感覺也早已煙消雲散。

最後，則是**背叛**。柴契爾的失勢讓歐洲懷疑論者更堅信英國在四項議題上遭到嚴重欺瞞，也因此開始醞釀對歐洲事務的無涉入態度：

一、一九七五年英國投票加入共同市場，此事根本為騙局一樁。

二、英國受誤導以為《歐洲單一法案》的功用僅止於創造單一市場。

三、英國在經濟與貨幣聯盟一事上遭受欺騙。

四、英國在歐盟憲法公投一事上遭到欺騙。

情勢已經很明顯，而當二〇〇四年英國獨立黨（UKIP）領導人奈傑爾．法拉奇（Nigel Farage）將移民問題帶入辯論時，各方態度更為激化。自此，公投辯論簡化為英國是否該選擇脫歐以獲得全然自由，又或者應該選擇將其獨立性斷送在布魯塞爾的手上。原本布魯日演說的重心為

創造英國在未來歐洲的領導角色。相反地，卻被扭轉成為新國家主義的催化彈。

卡麥隆的問題在於，從前掩蓋了托利黨內部不合事實的三環政策，如今已無法回應隱藏在歐洲懷疑主義論點背後、英國對身份認同議題的焦慮。於是，保守黨分裂為期望英國直接面對現今世界的現代派、留戀逝去的大不列顛的傳統派，和期望未來與任何外交紛爭做切割的國族主義派。身為現代派的卡麥隆不但無法像之前一般，積極地提倡懷疑主義論，也無能面對對手的反對聲浪。

二〇一六年，當卡麥隆再也無力領導混亂的保守黨時，所有歐洲懷疑論者都轉而認同國族主義。一切到此結束。公投辯論重點從此徹底聚焦在留歐成本以及脫歐的負面經濟之上。即便當時公投結果為留歐，卡麥隆政府無法建立或維持英國對歐長期下來的正面關係，這樣的態度遲早會讓抗拒英國重返世界舞台的歐洲懷疑論者醞釀反動聲浪。

就在蘇伊士事件發生後的第六十年，所有的政治衝突再次於瞬間爆發，成就了所謂的歷史事件。一九五六年伊登的蘇伊士危機摧毀了邱吉爾的戰後三環夢想，英國丟失了領導歐洲、大英國協與北約組織的機會。現在，二〇一六年六月二十三日所舉辦的公投，則將柴契爾與布萊爾企圖重新整合三環的努力付之一炬，英國再無可能成為歐洲與美國，甚至全世界的橋樑。

但是兩事件仍有不同之處：大英帝國是不可能重來的，但是歐洲可以。英國必須面向未來，並且謹記邱吉爾所說：

沒有英國就沒有歐洲……歐陸的朋友請不用擔心。英國本就是歐洲的一部分，而我們會為了找回歐洲的偉大與繁榮，貢獻一己之力。[43]

43.

維儂・班德諾(Verson Bogdanor),《新耶路撒冷到新工黨:首相艾德禮到布萊爾》(From New Jerusalem to New LabourBritish Prime Ministers from Attlee to Blair),倫敦:派爾葛蘭夫・麥克米蘭,2010,p.34。

Power

權力 接下來呢？

……英國可以重新整合邱吉爾的三環計畫，讓自己再度成為歐洲、美國與更廣大的世界的領導者。

「做一個和善、幽默的好鄰居和以『不干涉』的態度掩飾、實際上傲慢又孤僻，兩者完全不同。我們是歐洲社群的一分子，必須盡到自己的責任。」

——索爾茲伯里爵士（Lord Salisbury），一八八八[1]

「英國的失敗在於從未學會鼓舞他國為歐洲而戰，只懂得為自身利益聲嘶力竭。」

——《泰晤士報》社論，一九八五

「全世界的狀況都很糟，歐洲各國的經濟與民主狀況幾乎每一年都走下坡。我們不該繼續在歐洲外交政策與國家外交政策之間做選擇，真正該選擇是我們想孤獨而活，還是集體而行。」

——尼爾．弗格森（Niall Ferguson），《每日電訊報》，二〇〇七[2]

「目前眼前最大的危機是老歐洲已然死去，但是新歐洲卻尚未誕生；在此空窗期浮現了各式各樣的醜陋世態。」

——安東尼歐．葛拉姆西（Antonio Gramsci）[3]

英國開始的終結

英國公投有其重要性，不過對於未來即將爆發的歐洲靈魂之戰來說，這只是個起點而已，憤怒與反結盟的怒吼將如排山倒海般而來。留歐派失敗的原因不僅是恐嚇計畫（Project Fear）的失效，更是因為英國民眾認為後馬斯垂克時期的歐盟根本是個敗局。公投的影響實在過於巨大，而全球化、《憲法條約》、歐元與移民所帶來的問題，更壓得選民喘不過氣來，甚至因此失去耐性。不管英國民眾選擇脫歐背後的原因有多複雜，只能說英國絕不會是第一個也不會是最後一個質疑歐盟領導之歐陸方向的國家。

對英國來說，她又再次回到了不列顛元年。或許英國選擇拋下無法改革的歐盟，但她並非選擇離開歐洲、繼以摧毀國家與國際秩序。她選擇投下痛苦的一票，支持政策改革，而非歡愉地點燃革命大火。目前的當務之急是團結人民與國家，並且確保歐洲與英國能在此危險時刻保持安全、民主與榮景。為達此目的，英國必須為自己與歐洲提出新的視野。英國有兩個選擇：遠離歐洲，迎向分裂；或者，以脫歐展現真正的領導力，重新定義自己在歐洲的位置並且開創新的道路。

儘管未來英國無法繼續從歐盟內部領導改革，但她目前仍舊能提供兩種變動視野：「硬脫

歐」(hard Brexit)，屬於快速脫歐的孤立主義(isolationism)思維，此方式將英國未來的影響力侷限至島嶼範圍；或者，「軟脫歐」(soft Brexit)，符合重商主義(mercantilism)目的，將英國影響力鎖定在單一市場。硬脫歐只看得見瑞士，而軟脫歐只在乎挪威。

如果英國無法思考上述兩種脫歐方法外的可能性，那麼未來她對外交政策的影響力將徹底消逝。儘管英國為全球第五大經濟體，名列聯合國安全理事會永久會員國、G20與G7會員國，並為北約組織領導國家，但是單一國家對外交政策的影響力，與她參與重大國際談判的席次多寡無關，真正的外交政策影響力在於該國是否具備自組織內部影響其決策結果的手腕。自一九七三年以來，英國因成功影響布魯塞爾的歐洲議程、支持華盛頓的廣泛決議，而更加強大。脫歐的決定代表連結兩大首都的橋樑已轟然斷裂，未來勢必得進行綿密的關係修

1. 傑洛米．布萊克(Jeremy Black)，《托利黨世界：英國外交政策的深歷史與托利黨影響 1679-2014》(The Tory World: Deep History and the Tory Theme in British Foreign Policy, 1679-2014)，愛德索特(Aldershot)：艾許葛特出版(Ashgate Publishing)，2015，p.217。
2. 尼爾．弗格森，〈歐洲必須停止互相爭鬥〉(Europe must stop fighting itself)，《每日電訊報》，二〇〇七年六月二十四日，http://www.telegraph.co.uk/comment/personal-view/3640831/Europe-must-stop-fighting-itself.html
3. 安東尼歐．葛拉姆西，《監獄選書》，編輯／翻譯：昆丁．霍爾(Quintin Hoare)、傑夫瑞．諾威爾．史密斯(Geoffrey Nowell Smith)，紐約：國際出版(International Publishers)，1971，p.276。

復。脫歐之後，離開重點談判桌所造成的權力空洞，也將打擊英國政治、經濟與商業利益相關者，直至新政策代以建立。正如同英國財政大臣菲利普．韓蒙德(Philip Hammond)所說的，未來，英國觀點對歐洲來說已不再舉足若重，因為她已無法如往昔般直接影響布魯塞爾。

上述兩種脫歐方式都過於消極，本書提議第三種稱為「巧脫歐」(smart Brexit)的對應方式。英國應採用張伯倫式觀點，挪移自身於世界的位置；至於面對歐陸，則應思考邱吉爾的框架，提出靈活、價值觀先行的軍事、外交與商業策略。終結無止盡地抵抗與無意義的飄零。

脫歐不代表終止與歐陸之間的合作，也不代表未來將耗費大量時間在經濟談判桌上錙銖必較，僅是恢復原先身為正式會員國即可享有的經濟權利。英國必須超越。數世紀以來，英國一直為強大的歐洲勢力，也為歐洲的自由、民主與法治環境，做出極誠摯的犧牲。不論是軟脫歐或是更具破壞性的硬脫歐，都在暗示英國否認了自己的歷史成就，並且擾動了歐陸的穩定現狀。兩者都可能摧毀可發揮現今自身全球影響力的管道，並削弱足以影響英國當前與未來繁榮景象的實質基礎。不管是皮特、張伯倫或是柴契爾和邱吉爾，都不可能接受如此徒然的外交方針。

相反地，巧脫歐則冀望將長期以來僅以經濟觀點出發的英國對歐政策，轉移至政治範疇。對歐陸來說，真正的難題遠遠超出布魯塞爾所制定的貨幣規範與商業規範之外。在邱吉

爾的時代，英國為了四大理念而參戰——言論自由、宗教自由、免於貧困以及免於恐懼的自由[4]。而今，全歐洲的基本自由都面臨著嚴峻挑戰。英國可以藉此機會協助歐陸，而非袖手旁觀。英國可運用自己的硬實力與軟實力，承接過去作為歐洲道德領導者的歷史，讓歐盟不僅僅關注——商品自由、服務自由、資本自由與勞工自由等利益結盟，還要共同成就更為遠大的歐洲。

此工程不但需要對長遠未來的想像，也需要當下行動的勇氣，不過巧脫歐也帶給英國兩大可能。

首先，英國必須與友好國家合作，完整部署地緣政治資產。不管是美國或其他歐洲國家向來仰賴英國擔負重要的外交、情報與軍事角色。卡麥隆對此外交政策現實的忽視，引起各界的失望。現在的英國絕不能像一九五六年的大英帝國一樣，遠離歐洲。英國友好國家理解脫歐所代表的不僅為作用於英國、歐洲背後的驅力，更有來自全球化的力量。大多數的分析評論皆認為，在支持英國獨立性與超國家組織間，兩派仍舊有著無法和解的拉扯。事實上，自公投後，布魯塞爾官僚機構與會員國之間出現了無法消弭的鴻溝。荷蘭、德國、義大利、

4. 法蘭克福．羅斯福，〈國情演說 1941〉(State of the Union Speech 1941)。http://fdr4freedoms.org/

波蘭、匈牙利、丹麥、瑞典政府，同樣遭受英國政府在公投期間所面對的政治與社會壓力，輿論抨擊歐盟，並且譴責歐盟委員會與歐洲議會，以及其希望加速度處理脫歐程序，藉此為歐盟超國家組織止血的舉動。所有人都知道，布魯塞爾呼籲的「更歐洲」(more Europe)說法，只會讓歐洲消失。反歐盟的政治改革活動已經趁勢而起。英國不會因脫歐而遭到孤立，反倒為即將展開的巨大歐陸政治動盪，開了頗具預言性的第一槍。

其次，英國必須繼續活躍於歐洲政治舞台上。以經濟利益作為主要導向的歐盟，絕非英國能影響的唯一歐洲協同機構。儘管歐盟年度預算比英國年度教育預算還少，但是歐盟造成的巨大陰影掩蓋了其他歷史或短或長、規模或小或大的歐洲跨國家組織，歷史上許多由英國建立或補助的跨政府機構，都曾經協助創造了歐洲的未來。

事實上，英國所參與的歐洲共同組織不計其數：

- 歐盟
- 歐洲理事會
- 北大西洋公約組織(NATO)
- 歐洲安全暨合作組織(Organization for Security and Co-operation in Europe)
- 英國愛爾蘭協會(The British-Irish Council)

- 聯合軍備合作組織（Organisation for Joint Armament Cooperation）
- 歐洲原子能共同體（Energy Community）
- 歐洲專利局（EPO）
- 歐洲科學基金會（European Science Foundation）
- 歐洲航空安全組織（European Organisation for the Safety of Air Navigation）
- 國際公民及素養調查研究（International Commission on Civic）
- 歐洲區域大會（Assembly of European Regions）
- 歐洲核子研究組織（EIROforum）
- 歐洲刑警組織（Europol）
- 國際貿易資訊暨合作機構（Agency for International Trade Information and Cooperation）
- 尤里卡計畫（EUREKA）
- 歐洲科技研究合作計畫（European Cooperation in Science and Technology）

上述機構在歐盟的強大陰影下，顯得相當無力，而且幾乎不為人知。若能促成上述組織的合作，應當能提供未來發展方向與動能。我們不該放任這些歐洲機構如十九世紀張伯倫時代的燃氣與飲水供應商般，爭奪私人鐵路生意。反之，即便這些組織無法進行總體合併，

也至少應該作基礎協調，以具備涵蓋全歐洲的政治功能。上述歐洲組織的專業性提供超越歐盟會員國界線的實質合作，不僅以柔軟的方式進行多國連結，並支援如歐洲復興開發銀行(European Bank for Reconstruction and Development)或歐洲理事會開發銀行(Council of Europe Development Bank)等大型計畫。不過儘管如此，正如同邱吉爾的客觀評估，上述組織缺乏共同主軸。

對於缺乏政治意識型態的組織來說，特別是北約組織、歐洲委員會、歐洲自由貿易聯盟(European Free Trade Association)、歐洲安全暨合作組織等，英國應在其中發揮靈活作用，促進民主、自由與法治等主要價值觀念。

總而言之，脫歐與歐盟內部衝突的雙重危機，確實有可能加速歐洲政治與經濟解體的離心作用。因此，英國可藉此推動邱吉爾心所嚮往的「歐洲團結」概念。我們追求的不應是將四十餘歐洲國家進行超國家統一，而是連結代表歐洲的組織，以達到更大規模的實質合作。為完成此目標，一九五六年邱吉爾曾經宣示「我們謀求的歐洲團結包含了全歐洲」(the Europe we seek to unite is all Europe)。對邱吉爾而言，讓年輕的自由歐洲重新活躍，並且結束漫長、疲憊的歐洲意識形態斷裂期，也是讓英國重新維持強大勢力的方法。自此，一場角力戰隨即爆發。邱吉爾推動的歐洲聯盟，是擁護共同價值觀並且願意容納所有國家的歐洲；而舒曼鼓吹的歐洲聯盟，則是選擇將不願接受超國家架構的國家排除在外。只有透過連結所有異質的歐洲組織

才能取勝。正如同邱吉爾所說的：「這場戰爭決定了歐洲文明的未來。」

對面臨認同危機的英國來說，民眾極度渴求對國家未來有著明確計畫的領導者。英國的影響力民調顯示，大眾希望英國能領導歐洲前進，謀求與其他歐洲國家的合作，並形塑可能的未來。英國政壇正在等待能提出大架構並發展強健、具改革力政策的政黨。因此，英國絕不能在脫歐之際，放棄與整個歐洲的合作。

歐盟終結的開始？

另一個我們不該放棄與歐洲國家合作的原因是，幾乎所有會員國都承認歐盟已陷入危機。截至目前為止，歐盟無能緩解全球化所帶來的嚴重衝擊，幾乎所有歐洲會員國都面臨經濟疲軟、甚至更為惡劣的狀態，歐洲國家普遍感覺被歐盟遺忘，並受到文化貶抑。歐盟承諾所有會員國可以在共享經濟與歐元的大傘下，獲得經濟利益與繁榮景況，然而歐盟的挫敗卻造成民粹主義與國族主義興盛。歐盟將問題重重的共同貨幣與其組織目標相結合，而今卻又掙扎地尋求結構性解套方式未果，引來諸方抨擊。

歐盟的危機近在眼前。直到現在，歐盟仍舊僅有兩種基本組織模式可供選擇。第一種，也就是現有的狀況，會員國在超國家與國家權力分立的狀況下，保持自治的鬆散結盟方式。不管是英國、其他會員國或是大眾輿論，向來傾向此組織架構。不過，此模式向來與羅貝爾・舒曼訴求的第二種模式對立，後者推崇聯邦形式的組織，並由歐盟擔任歐洲治理的核心。舒曼企圖透過經濟一體化達成歐洲大陸的和平，並以此為團結歐洲的第一步驟。不過自一九五七年《羅馬條約》以來，歐盟發展方向就以經濟發展為目標，而非政治理念。任何具有政治理念的手段，到頭來都會斷送其經濟可能。儘管歐盟以聯邦統一為名，但是會員國仍舊擁有實質政治權力，並且僅僅放棄為達成歐陸經濟同盟所需的條件，以維持自身的全球競爭力。一九八六年，用以建立單一市場的《歐洲單一法案》通過，以及為貨幣流通而起草的《馬斯垂克條約》通過，一切似乎水到渠成。然而，二〇〇五年時法國、荷蘭相繼反對《憲法條約》所帶來的政治終局，聯邦政府浪潮似乎開始消退，各國對歐洲的未來，有了想像上的重大歧異。究竟歐洲應該尋求擴張（法國大表反對）還是尋求更深的結盟（英國與部分會員國表示反對）？但是由於經濟一體化無法得到大眾的徹底認同，似乎唯有透過更多的經濟統合，才能解除眼前危機。

二〇一一年歐元區的崩潰，造成聯邦主義派與跨政府組織派之間的對峙。為挽救歐元區，連英國政府都承認由歐元區政府進行財政整頓的必要性，讓歐洲中央銀行（European Central

Bank）取代各國中央銀行，並由聯邦組織制訂貿易、經濟、工業與社會政策。

不過，為了解決目前貨幣聯盟的危機，任何聯邦式的決策都將在沒有絕對民主共識的情況下強硬進行，這造成了歐洲國家間更深的政治分裂與矛盾。目前，歐洲對於二戰的記憶已經逐漸模糊，而西歐國家間的戰爭威脅警報也業已解除，因此，越來越多聲浪對歐盟存在的意義感到懷疑與困惑。更糟的是，歐洲民眾普遍對政治領袖存在著強烈的不信任感，政壇領袖們絕望地老調重彈，卻無法找到歐盟在現今世界中的對應位置。

早在英國公投以前，泛歐洲民眾就已群起反對持續放棄國內經濟的控制主權。自從歐元上路以來所舉辦的十四場公投之中，有九次的公投結果否決歐元。選擇否決歐元並續用原有本國貨幣的歐洲國家，也堅持繼續保有外交與防禦政策的主控權，並反對更進一步的融合。

自英國公投以來，歐盟已對經濟掌控權失去信心，整個歐洲政壇烏雲密佈。公投危機顯示歐盟無法透過超國家手段，建立區域性的聯邦政府，歐洲如同身處迷霧之中。局部的政治災難好比金融危機，已經阻絕歐盟繼續深度發展的可能，而所謂的「比以往更為緊密」的歐盟模式，根本無法迎接如此龐大的災難。歐盟仍舊找不到深化經濟一體化與擴張組織之間的平衡可能。由於歐盟無法取得倫敦、巴黎或柏林的長期領導方針，因此無法為自身的長遠目標賦予責任意義，不論在國內和平穩定或國際領導防禦工作上，歐盟都顯得毫無頭緒。

英國、歐洲與世界

目前歐盟進入停滯期，可怕的是，歐洲以外的全球政治情勢仍舊急速變化。歷史轉型的腳步正分秒不停地加速中。造成歷史急速動盪的原因，不僅僅是中國崛起、俄羅斯復甦與中東、北非混亂的結果，也是包括英國在內的西方世界在歷經五百年的世界領導期之後，無盡衰退的下場。

曾經以「不僅丟失了一整個帝國，還找不到自己的位置」草率評論英國的美國前國務卿迪安·艾奇遜，其話語背後隱含著令人不安的事實；他所指稱的，其實是一整個歐洲的命運。英國所遭受的地緣政治的命運逆轉，其實可同樣套用在其他歐洲國家、甚至美國身上。世界正在進行駭人的經濟與人口革命，二〇五〇年時，我們將會看到完全顛覆的政治情勢。

儘管，據估計英國將於二〇五〇年時成為歐洲最富裕、龐大的國家，但是屆時全歐洲的人口將僅占世界人口的百分之十二；而歐洲人口中將僅有一半的比例為歐洲人。同時，二〇五〇年西方世界的全球產出（global output）將銳減至一九五〇年的一半（從百分之六十八降至百分之三十），此驟降幅度令人聯想到一八〇〇年左右，當中國與印度同時失去世界經濟強國位置的時刻。毫無疑問地，當歐洲團結逐漸崩解後，也慢慢地失去了世界事務的中心角色。當柏拉圖

式的晚期民主試煉，遇上卡洛爾．奎格雷（Carroll Quigley）的文明進化之七個「衰退」階段，歐洲巨輪也不得不緩慢了下來。[5]

當面對如此的地緣政治劇變時，美國或有可能不再視歐洲為西方世界防禦陣線的核心，畢竟美國向來以太平洋方面為防禦主軸，特別是在歐洲國家已無力負擔此重責大任的時刻。如果歐洲遲遲未能提出用以面向東方與南方的經濟與政治目標，那麼美國絕不可能為只會製造麻煩而非解決方案的歐洲，無限期地提供保護。當然，當美國自身因面臨相對衰落的時代而深受衝擊時，也自然會對歐洲事務保持淡漠態度。

因此面對政治、經濟與人口之劇烈動盪，美國、英國與歐洲，應當提出更富凝聚力的對策回應世界。英國若選擇以隔離主義面對此威脅，必將完全無用，畢竟來自東方的修正主義派（revisionist）正期望藉此裂解西方秩序，以主導二十一世紀。如果西方世界的團結就此結束，並以分裂姿態面對已無能主導的全球化世界，那正是卡洛爾．奎格雷所預言的——政治死亡的開始，「無法再捍衛自己，沒有任何意願捍衛自己的文明等同門戶洞開……她將被更為年輕、具有力量的文明給取代。」[6]

5. 卡洛爾．奎格雷，《文明的進化：歷史分析導論》（The Evolution of Civilizations: An Introduction to Historical Analysis），印第安納拿坡里斯（Indianapolis），民主基金會（Liberty Fund），1979。

6. 卡洛爾．奎格雷，《文明的進化：歷史分析導論》，pp.138-139。同本章註5。

回饋

儘管情況毫不明朗，但是遊戲已經展開。英國脫歐投票不會是英國影響力歸零的開始。英國與西方文明的意識形態、文化、商業與軍事資產，仍舊龐大難測。西方世界創造了《大憲章》、文藝復興、科學革命、啟蒙運動、議會民主、現代性以及民主、自由與法治的價值觀，所有的一切都會創造軟實力吸引效益，影響全世界。

五百年來，歐洲文明的進步讓英語成為世界通用語言；其他幾個歐洲語言，包括法語、西班牙語和葡萄牙語，也在許多區域普遍使用；再加上許多歐洲民主國家在眾多領域的出色表現——電影、運動、音樂、戲劇與藝術，歐洲豐富的軟實力在世界各地發揮強大作用。而名義上負責保衛此文化遺產的，則是具備強大軍事與外交實力的美國、英國與法國，此三國也被全球視作自由文明的領導者。

事實上，雖然美國為全球第一軍事強國，但是英國與法國分屬全球軍備預算排名第五與第七的國家。所有歐洲國家每年花費近一千九百億英鎊的軍事預算，此數字不但超過亞洲，更是非洲的十四倍。雖然一千五百萬名的歐洲士兵若團結起來，將成為莫之能禦的強勁軍旅，但是只有英國與法國具備足夠資源，能以強權姿態部署軍事計畫。

歐洲的經濟實力依舊可觀。二〇一四年時，歐洲五億人口創造了十四萬億英鎊的國內生產總值（GDP），成為世界排名第一的單一市場。歐洲城市跟上了全球化經濟的腳步，而倫敦的金融市場更是風起雲湧。倫敦擁有全球最多的跨國企業總部與國際銀行，遠勝其他世界級大都市。倫敦與巴黎每年可創造六千億英鎊，這比俄羅斯或瑞典的國內生產總值還高。[7]

因此，二〇一六年預言了英國在歐洲，甚至是全世界地位改變的可能。英國自然擁有脫離歐洲的最終主權，不過政府一向認為若要符合國家利益，參與歐洲事務是必然的選擇。當全世界都在改變的時候，該如何面對歐洲，也是個不斷改變的課題。在一九五〇年代，建立帝國是唯一能讓英國取得世界權力的手段；美國也聯合鞏固了英國的權力與世界地位。五十年後，帝國消逝、蘇聯瓦解，柴契爾與雷根政府歷時三十年、改變全世界的經典環法賽也已經結束了。目前，我們處在自由干涉主義的年代，伊拉克與阿富汗的沙漠因此戰爭頻仍，英國必須明瞭當前任務的急迫性，並為英國在歐洲的位置找到相應的新政治話術。

英國若能更為積極地涉入歐洲事務，她或可透過權力槓桿作用，再度成為全球首要領導

7. 山姆・佩羅・佛里曼（Sam Perlo-Freeman）、奧德・佛倫特（Aude Fleurant）、皮特・威茲曼（Pieter Wezeman）、賽蒙・威茲曼（Siemon Wezeman），《二〇一五 世界軍事預算潮流》（Trends in World Military Expenditure, 2015），斯德哥爾摩國際和平研究所（SIPRI）資料，二〇一六年四月。

國。但是首先，英國與其同盟國家必須認清舒曼的概念已經無效，而不管是在外交、防禦或安全政策方面，幾乎沒有任何會員國同意建構統一的超國家架構。儘管面臨部分歐盟會員國的排斥，但由於歐盟軍事力量必須具備一致的對外性，因此歐盟仍會繼續留在北約組織內，而國內政策應當會由歐盟體制外的勢力進行決策處理。

英國向來清楚歐洲國家的集體軍事實力，遠勝於歐盟組織的影響力。這也就是為什麼當歐洲無法處理南斯拉夫解體問題時，布萊爾與法國總統席哈克選擇於一九九八年的聖馬洛一地締結軍事結盟，並發展成二〇一〇年的《英法合作條約》。此軍事合作的目的在於向美國展現歐洲確實有實踐二〇〇一年「拉肯宣言」(Laeken Declaration)的魄力，拉肯宣言主要敦促歐洲應發揮軍事硬實力，而非僅僅成為軟實力文明大國。令人遺憾的是，在伊拉克與阿富汗軍事干預行動之後，巧實力軍事策略如於東非開啟的亞特蘭大反海盜軍事行動(Atalanta anti-piracy mission)，不管在規模或範圍上都相當有限。

對於歐洲來說，問題在於被俄羅斯、中東與北非所導引的軍事、外交與人口爆炸等事件給重重包圍，猶如處於政治火山帶(ring of fire)中心；上述所有問題都需要以積極的行動反擊專制政權，並處置附近失敗國家的崩裂狀態。儘管對俄經濟制裁以及對伊朗所施加的經濟壓力發揮了效用，歐洲的政治力量仍舊遠落後於其軍事防禦能力之後，這不但等同於放任外交敵

對國家，最終也會影響歐洲與英國自身的利益。

歐洲必須以巧實力策略解決上述問題。為了保護其經濟與外交實力，歐洲必須至少獲得區域強權的地位，並讓英國成為領導核心。此策略包含以下四個原則：

一、歐洲勢力應成為永久性的區域型勢力。英國與法國應當整合策略與資源，形塑區域環境，並建立符合民主與法治價值觀的安全機制。

二、歐洲必須具備意願行使上述勢力，並以軟實力機制為輔助。

三、必須以上述兩項目標為基礎架構，建立大規模策略，並於北約組織、歐盟以及其他歐洲跨政府組織嚴格執行。

四、俾使英國、法國、德國與義大利（G4歐洲領導國家）統整協調其資源與相關歐洲組織，並以提供統一的跨政府外交、政策與防禦策略為目標。

有鑒於歐洲擁有如此龐大豐富的資產，發展更具協調性的經濟、政治與軍事行動，確實為首要之務。英國與其同盟國家必須將歐洲整合為區域勢力，並凝聚長期的思考與政治力量，以控制與其利益與價值觀相左的東方與南方世界。

若英國失敗了，她將成為安奈林・貝文（Aneurin Bevan）口中的幽魂，赤裸裸地走向歐洲甚至是全世界的談判桌。

巧脫歐「總策略」

二十一世紀的複雜程度恐怕不下於二十世紀。對於已經寸步難行的歐陸政治家來說，眼前最新的問題應是如何維持區域的穩定度。當歐陸政客以「政治火山帶」形容目前情況時，並非言過其實。如同雅克・德洛爾所言，「未來的衝突將來自於文化因素，而非經濟或政治意識形態。」[8]

伊斯蘭恐怖主義（Islamic terrorism）主要源自於對西方世界的憤怒，儘管恐怖主義對歐洲帶來相當困難且危險的戰略性挑戰，但對歐洲來說，這還不是最迫切的問題。歐盟最主要的任務在於如何解決巴爾幹半島與烏克蘭的歐洲文明斷層，若我們沒有連貫的總策略或足以支援策略行使的軍事力量，那麼俄羅斯的復興指日可待。如果繼續漫不經心地面對新全球崛起勢力，並且繼續放任混亂的經濟槓桿作用發揮影響力，歐洲將發現自己僅剩分而治之（divide and rule）的戰略。正如同伊萬・克拉斯特耶夫（Ivan Kratsev）所形容的，「幫歐盟制訂外交政策，就好比幫太太、前任妻子以及岳母同時做聖誕節晚餐一樣，還期望所有人吃得下去」[9]，雖然此舉相當無效，但是若放縱虛無主義腐蝕地緣政治的集體意志，那麼歐洲將無法繼續持續下去。西方世界似乎已經遺忘自己的目標——建立一個擁有自由貿易、自由市場、低失業率、高經濟

成長率的歐洲，並且運用強大、價值觀導向的巧實力策略面向世界。不僅倫敦需要維護此目標，巴黎、柏林與華盛頓也應相伴而行。

若要重新思索歐洲的外交策略，就必須返回至政治性的歐洲時代，並以和平與安全作為中心目標，而這正好是邱吉爾心所繫念的遠景。棄守民主價值觀，正是歐盟國界內動亂不安的主因。若歐洲國家間無法以凝聚的觀點互動，那麼歐洲的安全性將大受威脅。假使英國將歐洲大陸區域的和平視為自己的利益目標之一，那麼她將發展出何等的策略計畫、制度以及影響手段呢？如果由英國負責領導歐洲的總策略，她在乎的關鍵會是什麼？

首先，英國應強化歐洲環與美國環，也就是提摩西・賈頓・艾許（Timothy Garton Ash）所稱的「歐洲大西洋主義」（Euro-Atlanticism），英國正是「歐洲的孩子、美國的父母」[10]。英國的首要目

8. 馬克・佐根斯梅爾（Mark Jeurgensmeyer），《全球性思考：全球化研究文本》（Thinking Globally: A Global Studies Reader），倫敦：加州大學出版，2014，p.203。

9. 萊恩・希斯（Ryan Heath），《布魯塞爾策略》（Brussels Playbook），政治學（Politico），二〇一六年八月二十九日。http://www.politico.eu/newsletter/playbook/politico-brussels-play- book-back-to-school-apple-in-commissions-eye-estonia-sort-of-votes/

10. 提摩西・賈頓・艾許，《自由的世界：美國、歐洲與西方世界意想不到的未來》（Free World: America, Europe, and the Surprising Future of the West），紐約：維特吉，2005，p.58。

標是確保美國與歐洲的團結，並攜手面對挑戰。任何跨大西洋的軍事、經濟與政治連結的斷裂，都會是敵方樂見的結果。而所謂的特殊關係也絕非僅限於歐洲與美國之間，普遍認為英國也將影響歐陸及其政策。現在，倫敦除了必須避免孤立主義以外，更應促成能在英倫海峽間運用巧實力進行外交的可能性，並試圖在歐洲外交談判獲得勝利；這也是許多歐洲盟友樂見的結果。

其次，也是最重要的，英國必須釐清合作架構背後的價值觀。不管是經濟、軍事與外交手段，以及任何總體策略的主軸，都必須以推動民主、自由與法治為目標。歐洲必須和對手一樣地敏捷，不能因老化的政治結構與有限的外交軍事佈局而怠惰。如同英國總體策略專家羅伯特．庫柏所言，「假使我們必須在叢林中搏鬥，那就得遵守叢林的規則。」[11] 歐盟繁複的投票程序讓自己成為全球化叢林最不堪一擊的猛獸，因此，只有歐洲國家中最富領導實力的法國與英國，能夠為歐盟提出理念、目標，並掌控核心主導權。

再來，總體策略必須提供英國、法國以及其他會員國，能夠面向世界的穩定架構。不管是軟實力或硬實力策略，都需要一套前後統合的應用機制，不過目前為止，全歐陸的國際組織根本處於各自為政的狀態。由於歐盟企圖成為最具主導性的歐洲跨國組織，也因此其他更具有專業性的組織紛紛受到排擠效應，幾乎所有的非經濟聯盟策略的發展空間都遭到取代。

簡言之，對英國來說，必須具備三大基礎才能展開行動：

架構	合作組織
安全	北約組織 歐洲安全暨合作組織 歐盟對外事務部（European External Action Service） 歐洲刑警組織
民主	歐洲委員會（Council of Europe，CofE） 經濟合作暨發展組織（Organisation for Economic Co-operation and Development）
經濟	歐盟 歐洲經濟區（European Economic Area）

11 羅伯特・庫柏，《新自由殖民主義》（The new liberal imperialism），衛報，二〇〇二年四月七日，https://www.theguardian.com/world/2002/apr/07/1

團結歐洲的總策略：歐洲委員會

為了引導安全、民主與經濟等三大架構的發展，英國必須鞏固自己在北約組織、歐洲委員會、歐洲安全暨合作組織與歐洲單一市場的核心位置。

事實上，這正是邱吉爾計畫的核心。一九四二年，邱吉爾向戰時內閣（War Cabinet）發布報告書，建議戰後成立專門負責建立歐洲聯合國的歐洲委員會。當英國於阿拉曼（El Alamein）戰場取得成功首役成績時，一九四二年十月二十一日，邱吉爾寫信給當時的外交部長安東尼・伊登表示：「或許這聽起來幾乎不可能實現……我希望能成立沒有國界的歐洲聯合國，人們可以自由地旅行，不受任何限制。」[12]

英國政府應當倡導成立常設的跨政府機構——歐洲委員會；此機構可設置歐洲安全理事會（European Security Council）進行管制，而其上則受G7歐洲會員國控制，包括英國、德國、法國與義大利，並受北約秘書長、歐洲委員會、歐洲安全暨合作組織與歐盟理事會主席的約束。法國與德國業已提議建立歐洲安全理事會，用以研議歐洲內外面臨的安全與防禦問題。此歐洲安全理事會必須由外交、國防與內政部長們統籌規劃[13]。

為了加強審議結果的民主合法性，必須將以下代表所有歐洲國家的組織統合在一大架構

底下：

- 北大西洋議會（NATO Parliamentary Assembly）
- 歐洲委員會議會（Council of Europe Parliamentary Assembly）
- 歐洲安全暨合作組織議會
- 歐盟議會

此外，上述所有機構所提供的國內性服務，包括歐洲執行委員會（EU Commision）在內，都應該整併。

基礎的整併絕對有其必要性，正如同多數的國際外交政治組織的通病一樣，此類組織往往被過多的外交辭藻給淹沒，而決策過程又欠缺民主。若上述組織有共同民意為依歸，那麼就可以透過緊密的結合順利運作，而每個組織又能保有原本的特殊目的性、專業與地位。前歐洲議會議長克勞斯．漢施（Klaus Hänsch）的報告，呼籲泛歐洲的主要機構應進行密切合作，以面對未來的挑戰。他認為應創立「歐洲合作邦聯系統」（system of European confederal co-operation），並以

12. 哈德夫．席格．科普拉（Hardev Singh Choprah），《戴高樂和歐洲統一組織》（De Gaulle and European Unity），新德里：阿比海納夫（Abhinav），1971，p.168。

13. 請見https://www.auswaertiges-amt.de/EN/Europa/Aktuell/160624-BM-AM-FRA_ST.html。

此作為有別於歐盟，又能擁有歐洲委員會與歐洲安全暨合作會議功能之組織[14]。

過去五十年來的歐洲歷史，漫長到足以讓所有跨政府機構以自身領域與目標發展出不同屬性。各組織撰寫不同的報告，並翻譯成數種歐洲語言，儘管現代通訊如此發達，機構間仍相當程度地重疊到了同樣的主題。舉例來說，幾乎所有機構都設有政治、文化、農業與環境委員會。歐洲議會與歐洲委員會甚至在史特拉斯堡共用相同辦公室，製造了昂貴的荒謬處境。兩委員會互相孤立彼此，並且做出截然不同的決定，彷彿在他們眼前正有兩個獨立的歐洲，這種現狀必然無法繼續維持下去。

透過視野如此狹隘的操作，歐陸原本期望為所有公民提供自由與幸福的終極目的，已經逐漸被遺忘。若思及此，所有的歐洲組織應開始共同分擔責任與目標，為公眾與納稅者共同努力，要達成任務恐怕不能僅靠經濟手段，還必須採用議會式的政治操作。

為求在此三大架構下進行合作與行動，本書建議英國政府應於上述歐洲組織內，更為清晰地推動符合自身利益的決策。中央政府應設立專責單位負責協助歐洲事務國務大臣，以確保從白廳到西敏寺，都能以巧實力原則執行總體策略目標。不管是政府內或非政府的決策者都必須了解英國在歐洲的位置，並加以推廣。如此一來，英國的全新定位與方向才能逐漸浮出水面。

而這不單單是外交部的工作，外交部絕非唯一與國際關係有關的部門。英國政府的所有部門都應思考英國在當今世界的處境。英國該如何重新取回過去的信任與影響力？英國又該如何面對現今較為柔軟而具滲透性的國家治理方式呢？

強壯的英國必須與強壯的大西洋聯盟結合以形成強壯的歐洲，英國必須與所有主要的國際組織協作，而非僅選擇其中的少數單位，如此才能形成得以保存並推進自身影響力，與促進經濟繁榮及實力的絕佳權力架構。為保護西方世界，歐洲大西洋圈包括華盛頓、倫敦、紐約、巴黎、柏林、羅馬、馬德里與都柏林，必須將歐洲精神當作護盾與劍，保衛受侵略的文明價值。對現今時代而言，國內政策與外交政策早已沒有任何界線，政治環境也進入前所未有的國際時代，唯有透過各國合作，才能取得歐洲的和平。如果英國能清楚地維護自身的目標，巧實力政策將發揮極大效用。中央政府必須對英國於歐洲的角色，提出長期的策略性思考。對英國而言，首要任務應是在全球網路中保持主要領導國的地位，並持續獲得機會。然而，如果英國政府不介入轉型後的歐洲秩序，英國將被取代、壓制、孤立，並陷入日益艱危的處境。

14. 歐洲議會，一九九三年一月二十日。

當歐洲已經從自身的歷史解放出來時，英國仍舊繭困於七十年前二戰後的世界。英國必須採用邱吉爾式的新愛國主義，制訂總策略，以結束漫長的傷痛。

三大架構

1 民主架構——推廣自由、民主與法治價值觀的巧實力

歐洲委員會為邱吉爾創立的概念，獨立於歐盟機構之外，而歐盟執委會所使用的歐洲十二星旗與盟歌〈歡樂頌〉，其實都源自於歐洲委員會。歐洲委員會擁有的會員國不少於四十七個，為一跨政府合作組織，與歐盟之超國家結構大有不同。該組織旨在鞏固戰時的四大自由理念以及《聯合國憲章》(United Nations Charter)，重新確保「基本人權、人格尊嚴與價值的重要」，並且要求所有會員國「不分種族、性別、語言或宗教，助成全體人類之人權及基本自由之實現。」[15]

一九四九年依照《倫敦條約》建立的歐洲委員會，為二戰後歐洲首度展現和解與合作企圖

的計畫。歐洲委員會首先於一九五〇年簽署《歐洲人權公約》（Convention for the Protection of Human Rights and Fundamental Freedoms），接著於一九五九年建立歐洲人權法院（European Court of Human Rights）。此為全世界最成功的區域性人權保護體制，讓英國得以展現其人權觀點，並於歐洲與全世界推動法治與民主概念。一九九〇年代，歐洲委員會會員國大幅增加，目前該會擁有四十七個會員國，並包含除了白俄羅斯、哈薩克與科索沃三國以外的所有歐洲國家。會員國透過辯論與批准公約的程序，就人權、恐怖主義、犯罪、洗錢、人口販運等問題達成一致的標準。英國為歐洲委員會內最活躍並深具影響力的國家，部分原因也是因為英國為該會的主要預算提供者之一。

然而，一九五七年歐洲經濟共同體成立時，意味著建立在共同市場的大目標之下、以非經濟綱領作為組織原則的歐洲委員會大受排擠。國際政壇冷凍了以推動民主價值為主要目標的歐洲委員會，直到柏林圍牆倒塌，全歐洲朝向整合東歐進程為止。蘇聯解體以後，歐洲委員會的目標轉為深化易北河以東的新興民主國家的人權與法治價值，而歐盟則將自己的眼光縮限在經濟與貨幣利益之上。

15. 聯合國，《聯合國憲章》，一九四五年十月二十四日。

雖然歐盟的經濟實力遠比歐洲委員會龐大，但是後者擁有以一千八百名公務員的秘書處為基礎的複雜政治向度，除了涵蓋幅員與國家較為廣大外，其目標更專注於政治議題。若歐洲期望在未來的數個世代繼續保持更進一步的合作，並達到更深的團結與穩定度，那麼專擅於政治領域的委員會，必然能提供相當助益。當然，若希望達成歐洲委員會的人權、民主與法治目標，歐洲委員會必然得與其他歐洲組織以及其他負擔其預算的會員國進行合作。

歐洲委員會設有議會，其成員則為代表會員國國家議會的議員。而外交部長理事會則定期開會制訂公約與章程，建議會員國開展政治行動。雖然委員會的建議事項並沒有強制效力，但是在人權政策領域，確實具備法律管轄權。根據《歐洲人權公約》，所有簽署國家都有義務維護生命權、防止酷刑與不人道對待、自由、安全、公平審判、尊重個人家庭生活與通訊，以及表達的自由。任何國家或個人，不論其國籍，都可向史特拉斯堡申訴違反《歐洲人權公約》之狀況。

二〇一二年英國擔任部長委員會（Committee of Ministers）主席時，要求以布萊頓宣言（Brighton Declaration）修正《歐洲人權公約》，確保歐洲人權法院審理真正值得關注的案件，處理遲延案件（超過十四萬件），並想辦法提高其法官與審判結果的品質。

改革後的歐洲人權法院符合英國國家利益。現今的世界網絡日益緊密，因此英國的安全

與繁榮和歐陸的人權穩定與關注程度息息相關；若希望達成目的，就必須仰賴有執行效率的法庭。此外，部分被委員會評定為黑名單的國家，如俄羅斯，讓英國與其盟國能運用議會針對歐洲的未來進行攻防辯論，相比之下，歐盟的議會則顯得不痛不癢，並且具有濃濃的技術官僚氣味。

2 安全架構——用以保護歐洲的巧實力

北約與歐盟仍舊為非戰略性夥伴。自從二〇〇三年「柏林及其附加協定」(Berlin Plus Agreements)所帶來的虛幻希望破滅後，國際間就缺乏為北約與歐盟制訂共同策略架構的意願。然而，唯有透過正式的政治安排，才能在超越現有制度障礙下，保持組織間的共同合作與行動，這點顯然十分重要。歐盟由於無能建立穩定的安全與防禦系統，被視作僅具備軟性經濟實力的組織。二〇〇九年成立的歐盟對外事務部也對上述情況毫無幫助。此外，對歐洲和平與安全政策具有影響力的四個區域型組織——北約、歐洲安全暨合作組織、歐洲委員會與歐盟之間，也沒有任何形式的合作存在。

雖然自二〇〇三年《歐洲安全戰略》(European security strategy)首次通過以來，已發動三十七次

歐洲安全任務（EU security missions），但是官員們面對複雜疊合的結構與多國軍事準備與部署，仍舊感到相當吃力。

二〇一六年，《歐洲安全戰略》首次針對此問題進行「體制結構的精簡」，並由具有意願的國家進行「深化的合作，以創造更具結構性的合作方式，充分發揮《里斯本條約》的潛在功用。」[16]然而，歐盟聯合軍事計畫與防禦統合採購，皆流於紙上空談，面對十三年前《歐洲安全戰略》通過時就已指認的四大威脅，仍然毫無作為：

一、恐怖主義

二、俄羅斯復甦

三、歐洲鄰近區域的衝突

四、國家的失敗與貪腐、組織性犯罪、非法藥物買賣與人口販運

英國應該修正態度，積極參與歐洲安全與防禦合作。為維繫巧實力策略思考，英國必須積極參與歐洲防務，並與另外的領導國家法國與美國共同擬定總策略。歐洲環與美國環，必將結合。

友好協議

二〇一〇年，法國總統沙柯吉造訪倫敦。儘管大眾媒體對他的太太卡拉・布魯尼（Carla Bruni）更有興趣，但是沙柯吉此行大大改變了歷史。首先，新的友好條約讓英倫海峽兩側瀕死的合作同盟起死回生，挽救了自一九五六年來的頹勢。再來，法國重新成為北約組織軍事統帥，意味著戴高樂主義的終結，而法國也放棄建立能與北約相抗衡的歐洲防禦陣線的野心。

沙柯吉讓法國重新加入北約組織，也讓英倫海峽兩側長期懷疑法國有意以歐洲防禦陣線抵禦美國的想法，就此煙消雲散。對於歐洲防禦陣線來說，英國是「不可或缺的夥伴」，英國因而成為雙邊防禦與大西洋聯盟兩軸線下最完美的戰友。這也印證了戴高樂的觀點，對法國來說，若想被視為強權國家，則必須建立獨立的外交國防政策，統治歐洲的安全。

二〇一〇年簽署的《英法合作條約》改變了一切。英法兩國同意建立「優先性的夥伴關係」，解決全球危機、氣候暖化問題，並主導國際機構的改革。兩國於防禦議題上創造了「先驅團體」（pioneer groups）的概念，認為有能力與意願的歐洲國家，應被允許進行更為緊密的合作，以免遭較無能力與缺乏意願的國家所阻礙。

16. 歐盟，《歐洲安全戰略2016》，二〇一六年六月。

若能實際執行，英法合作將具有關鍵意義。大西洋洋面上除了美國海軍以外，僅有英國海軍與法國海軍擁有航空母艦與水上飛機，而雙方已承諾將其戰力集中部署於本國、歐洲或北約主導的行動。上述軍事行動超脫於歐盟管轄以外，其分佈範圍則廣及全世界。此外，三國與義大利的軍事實力均日益提升，其中英、法、美三國更期望建造更大規模的航空母艦，以配合未來世代的戰爭模式與導彈潛艇。

論空戰方面，英國皇家空軍與法國空軍都具備優異戰力。兩國皆同意簽署歐洲宇航防務集團(European Aeronautic Defence and Space Company)製造軍事飛機 A400M 之單一保養合同，以減少成本並維持互操作性；然而德國仍舊堅持另外簽署合約。

英法以「先驅團體」為名進行合作，證明了防禦部署需要的是靈活調度，而非一致性。在多速(multi-speed)合作架構下，有意願的歐洲國家能先行開發多邊研究或共同軍事行動。最重要的是，對於沒有意願或能力加入的國家予以理解，使其可以採取中立姿態，而任何的決策都僅限於參與國家而已。

先驅團體的意義即在此——若以每士兵所投入的防禦預算、作戰參與程度、軍備現代化等作評比，不符合特定資格的會員國應暫緩投入，讓少數的核心國家先行動作。

由於歐洲本質上為處在英、法戰略導彈防護傘之下的核武區域，依巧實力策略觀點而

言，兩國應提供軍事與外交力量，以加強歐洲的防禦與安全性。

特殊關係

戰時的特殊關係必須成為跨大西洋同盟的核心動力，分裂的歐洲與美國防禦體系必將導致失敗。正如同前英國駐美大使克里斯多福．梅爾（Christopher Meyer）曾警告的，「英國不可自陷於過度浪漫化的與美關係之中，畢竟美國人可從沒有此打算」，他認為「這種態度將讓英國人自以為擁有橫行於華盛頓，並且凌駕於所有國家之上的特權。」[17]

英美兩國確實擁有相似的價值觀，但是正如一九五六年蘇伊士事件所證明的，英國不能僅因為兩國都有著共同母語，就期待美國將自己的利益擺在第一順位。當英國面對未來歐洲干預政策的挑戰時，必得牢記美國並不樂見英國的孤立主義態度，而是期望英國能夠領導歐洲。

因此，儘管英國為美國最重要的夥伴之一，但更重要的問題在於英國立於歐洲的位置。

17. 克里斯多福．梅爾，〈我們岌岌可危的特殊關係〉（Our special relationship hangs by a thread），每日電訊報，二〇一五年一月十五日。http://www.telegraph.co.uk/news/politics/11345045/Our-special-relationship-hangs-by-a-thread.html

如何保持英國與歐洲在地緣政治中的穩定位置，將成為許多議題的關鍵核心，好比經濟自由化、自由貿易與安全。正如美國的歐洲事務助理國務卿菲利普・戈登(Philip Gordon)所言：

英國向來為美國的重要夥伴。英國擁有與我們相同的價值觀，並擁有能共同分享的重要資源。最重要的是，英國對歐洲事務所發表的意見，對美國來說極其重要與關鍵。[18]

3 經濟架構——運用巧實力創造歐洲境內的工作機會與成長率

歐盟原為政治性組織，但是卻無法取代歐洲委員會與歐洲安全暨合作組織，進行民主、人權、法治等相關工作，歐盟因而轉以其他組織較少涉略的經濟與金融利益工作為重。而單一市場正是歐盟組織最成功的成果。

英國脫歐之後，該如何維繫與歐盟會員國之間的貿易關係，並於規章制度談判桌上保有話語權？我們眼前面臨的是漫長而曲折的終極之路——硬脫歐，而放棄單一市場將成為核心

的選擇。毫無疑問的，唯有建立大規模的共同體典章制度（歐洲法），並讓所有參與國遵守制度，單一市場才可能持久運作，但是歐盟內外的許多國家也仍與英國保持貿易關係，並讓單一市場內的英國得以興盛。

如果英國將要脫離歐盟，那麼修正現存的經濟模式，會比建立全新的經濟關係更為可行。而一九九四年一月一日通過的歐洲經濟區（European Economic Area，EEA）正符合此目標。正如歐盟執委會主席雅克．德洛爾所說，歐洲經濟區將「對全歐陸帶來正面的經濟影響……並且有可能創造新的經濟規模，提升競爭力，正如同單一市場對歐盟十二個會員國的影響一樣。」[19]

歐洲經濟區已包含二十八個歐盟會員國，再加上挪威、冰島與列支敦斯登三國。若土耳其也被批准加入的話，那麼歐洲經濟區就包含了三十二個國家，擁有超過六億人口的單一市場。這不但是全世界最大的第一市場，還能團結全歐陸。一九五七年七月，邱吉爾於西敏寺中央廳發表關於歐洲的最後演說，將近四個月後，六國建立了歐洲經濟區。邱吉爾樂見「共同

18. 下議院，〈離開歐盟〉（Leaving the EU），研究報告 13/42，二〇一三年七月。

19. 泰芮絲．布蘭琪（Therese Blanchet）、瑞思托．皮浦南（Risto Piiponen）、瑪莉雅．威思曼．克萊蒙（Maria Westman-Clement），《歐洲經濟區協議：商品自由流動與競爭規則的指南》（The Agreement on the European Economic Area (EEA): A Guide to the Free Movement of Goods and Competition Rules），牛津：克洛羅敦出版，1994，前言。

市場」的成立，並希望「自由歐洲都能加入此市場」。

最重要的是，如果硬脫歐造成英國必須放棄單一市場中的部份權利，那麼改革後的歐洲經濟區或許可為她扳回一城。歐洲經濟區涵蓋了許多重要領域，好比研究、發展、教育、環境、消費者保護與旅遊業，此外還確保了歐洲經濟區內市場的商業與公民，擁有相同權利與責任。

歐洲經濟區協議並沒有囊括共同農漁業政策、關稅同盟、共同貿易政策、共同外交與安全政策、司法與民政事務或貨幣聯盟。

英國應當尋求其他現有歐盟會員國的協助，重新為大範圍的單一市場制定經濟與政治規範，讓歐元區的部分國家可符合自身期望，進行更密切的融合進程，而缺乏意願的國家則可以持續留在歐洲經濟區模型的重新架構單一市場之內。一切發展將依循歐洲單一市場法規，但勞工將擁有更高的自由流動彈性。

前外交部長大衛・歐文（David Owen）也如此表示：

> 在多方同意之下，自共同市場開通以來所建立的法律保障範圍將會有所改變，但其目標在於能更為寬泛地代表下述兩大公約的修擬版本：關於歐盟未來的

條約，以及關於適用歐洲共同體單一市場的條約。20

為防止法律爭議、公約釋疑或惡意指控的發生，所有歐洲國家必須以平等身份加入，共同建構新歐洲政體。

首先，所有歐洲國家必須依照「歐盟既有法規」(acquis communautaire)成為單一市場的正式會員國，而此市場則需依附於非歐盟的龐大組織體系底下。此組織決策將交付奠基於廣大單一市場與關稅同盟的多數票機制決定。如同大衛．歐文提議的，這個包含了三十二個以上國家的組織可稱為歐洲共同體(European Community)，以歐洲理事會作為權責單位，由所有會員國共同挹注資源並進行控制；該組織亦可擁有自己的秘書長與議會代表。如果歐洲經濟體的機制可以更富彈性，讓會員國加入單一市場，但又(a)無須加入歐元區，並且(b)允許針對貿易自由流動進行相應限制，那麼這或許提供了英國以及其他對歐洲整合抱有強烈疑慮的國家一個答案。

此外，若改革後的組織能更為保障會員國的安全利益，那麼對波羅的海國家、瑞典、丹麥、

20. 大衛．歐文，〈勞工必須加入英國對歐事務陣線，以免後悔莫及〉(Labour must align with the British people on Europe before it's too late)，《新政治家》(New Statesman)，二〇一二年六月六日。http://www.newstatesman.com/politics/politics/2012/06/labour-must-align-british-people-europe-it's-too-late

波蘭與巴爾幹區域來說，這可能是最實際又最不受限制的組織選項。對所有歐洲國家而言，維持單一市場絕對是雙贏的策略。歐盟不可能無限制擴大，但是單一市場可以持續於國界之際成長壯大。

其次，此重組過程必將浮現本質上須由單一政府掌管其經濟、金融與貨幣政策的歐元區。這對多數國家來說或許是可接受的，不過並非所有現存的歐元區國家都能接受此狀況。那些難以符合其國家利益的會員國，或許會因此避免更進一步的歐洲整合，並且選擇能讓他們繼續參與單一市場的歐洲經濟區機制，或保有談判自由貿易協議的權力。而其餘的歐元區國家則可繼續作為歐盟的一分子。

我們或可透過此機制，讓目前無法和平共處的歐元區與單一市場共存共榮。願意交出經濟主權的會員國，可以進入後馬斯垂克時期的歐盟；而贊同單一市場概念的會員國，則可以照歐文的建議加入前馬斯垂克時期的歐洲共同體。

單一市場是不必要的嗎？

據英國財政部與商業部估計，英國每年自單一市場實質獲利近十一兆英鎊。每年英國繳納給歐盟的預算淨金額則為六十九億英鎊，英國經濟自單一市場獲利高達九百億，相當於平

均每家戶三千三百英鎊的獲利。單一市場為消費者提供更豐富的選擇、更低廉的價格、提高內部投資，並提供英國製造商巨量的規模經濟（Economies of scale）效益。當然，離開歐盟並不意味英國將停止與歐洲的貿易活動，不過英國是否能夠繼續影響那筆九百億生意的法規與遊戲規則，將是英國經濟命脈的關鍵所在。由於部分單一市場規範對英國商業頗具殺傷力，因此英國必須運用外交與商業手腕進行修正提案、否決或甚至改革規則。

單一市場對英國經濟有幫助嗎？

由於歐盟會員國之間的貿易無須繳付關稅，因此歐盟向來關注如何消除二十八個會員國國家法規，以削減非關稅貿易壁壘。歐盟的作法為建立共同最低標準，並且要求會員國理解他國標準。自英國成為單一市場會員國之後，英國與其他歐盟國家之間的貿易總額增加了百分之五十五。單一市場也活絡了英國與其他歐洲國家間的投資狀況，一九九七年時，歐盟會員國僅占英國外國直接投資淨流量的百分之三十，但是至二〇一二年時，已逐漸提升至百分之五十。

反對單一市場的評論者，往往抨擊英國與新興經濟體間的貿易活動成長，遠高於與其他歐盟國家間的往來。部分人士因此認為單一市場已經失去重要性。然而，部分（並非全部）新興經

濟體國家的經濟成長率遠較歐洲國家來的快速，因為此類經濟體擁有尚未開發運用的資源。此外，沒有任何證據顯示貿易轉移（trade diversion）的發生，或擁有單一市場會員身份會減少與非歐盟國家間的貿易往來。

歐洲改革中心所提出的〈脫歐後的經濟後果〉（Economic Consequences of Leaving the EU）報告認為，約有一半左右的英國出口進入歐盟區域，而僅有十分之一的歐盟出口進入英國市場。真正掌控英國與歐洲未來的關鍵，並非進出口貨品關稅談判。後脫歐時代所面臨的經濟問題在於大部份的貿易商品為未完成貨品的部分零件。因此，當單一市場讓英國、歐洲的消費者與製造商融合進入統一的歐洲架構時，真正帶來貿易障礙的是隱形的法規、標準、執照與專業資格審定等，而非關稅。

對英國的大型、中型、小型企業而言，目前需要的是創造長期、可預期並且不受限制的歐洲供應鏈與銷售網路的貿易協定。唯有維繫此架構，英國才能成為前進單一市場的商業活動的理想基地。

未來的問題不僅僅在於勞動力自由流動的權衡，真正應擔憂的是，當英國失去談判席次時，要如何辨識並修改法規，移除非關稅障礙？

單一市場法規是否給予英國經濟過多限制？

單一市場值得留戀嗎？或許很多單一市場法規所造成的成本開銷，確實大於所帶來的利益。但是若認為所有的法規加總起來，僅僅製造了生產端的問題，這想法其實是錯的。首先，對單一市場的建構而言，共同的法規制定有其必要性。如果英國抗議單一市場法規，那麼必將有新的法規用以制衡英國與歐洲間的貿易，而出口商或許得付出更高的依從成本（compliance costs）[21]。不過，脫離單一市場不僅僅會造成「同等監管標準」（regulatory equivalence）的混亂，也可能危害五億消費者所提供的規模經濟發展空間。大型國內市場必須讓其企業快速成長，並取得穩健的全球性地位。

認為歐盟法規過多的評論者，似乎忘了根據經濟合作暨發展組織的調查，英國商品市場的管制鬆散程度，僅次於荷蘭、位居全歐第二。英國勞動力市場的限制遠不及美國、加拿大與澳洲，更遠低於其他歐洲大陸國家。因此，單一市場法規並不會加強歐洲的一致性。即便成為單一市場會員國，英國仍保留其放鬆管制的市場。因此，迴避單一市場法規並不會提高產出，事實上，唯一可能的結果反而是導致產出下降。如果脫離單一市場導致更高的貿易成

21. 譯註：為了符合法令或法規所投注的額外附加成本。

本，那麼英國的經濟將會受到損害。

問題在於單一市場外部的貿易協定，是否會比內部協議帶來更多損失。出了單一市場，市場準入（market access）[22]將會更為困難。由於市場準入對英國經濟成長而言至關重要，因此談判將會異常艱險。如果英國希望持續全面地進入歐盟金融市場，那麼就必須接受其服務與資本規則。脫歐讓英國與其企業回到原點；現在英國對法規的控制權力已被削弱，而非增強。所以，最合理的方式應是透過歐洲經濟區，取得單一市場的全面準入，而非片面式的進入。這對英國的經濟繁榮而言，是最關鍵的任務。

經濟發展行動

該提出什麼計畫來完成單一市場、提高歐洲競爭力，這大大地左右了英國的未來發展。為了建構創新事業，在下列四項新的單一市場上，英國絕不能捨棄其領導地位。

1 能源市場

不管是對能源提供者，或是必須提供電力、節省能源費用與減少溫室氣體排放的政府而言，能源安全都是主要的政策核心。互聯（interconnection）政策為試圖達成上述三目標的作法，藉由跨境運輸運送瓦斯能源與電能。聯結基礎建設的目的在於減少對單一提供者或獨佔企業的依賴。政府間也必須藉由法規制定達到互相平衡，以達成歐洲能源市場的整合。

儘管消除法規障礙和反競爭商業措施都會引起反彈，但是為符合能源安全，各國法規都必須依循二〇〇九年通過的歐盟「第三次能源方案」（Third Energy Package）。歐盟執委會報告指出，能源市場整合與連結的關鍵問題在於，有許多歐盟會員國並沒有感覺到能源整合的重要性，並且以自身國家利益為優先考量。

若沒有完整的整合策略，歐洲國家為達成連結效益，可能會建設過多不必要的管線，耗損鉅額預算，系統亦缺乏效率性。英國與其他歐盟會員國確實急需更完整的互聯建設，以提高生產效能。若期望以節約納稅人預算的方式達成此目的的話，那麼我們絕對需要更完整的

22. 譯註：指一國允許外國的貨物、勞務與資本參與國內市場的程度。

歐陸能源整合方案。

2 數位市場（電信與數位領域）

如果政府能適當刺激高成長的數位經濟領域，那麼我們將有可能再次大幅提升生產力。英國在數位經濟領域上，向來表現地十分搶眼，而幾乎所有的歐洲國家都在尋找維持或刺激數位經濟成長的方式。包括英國政府在內，歐洲各國不斷呼籲統整數位單一市場。那麼，為什麼該市場如此重要呢？網路與數位科技已經全方位地改變了我們的生活，不管是溝通、貿易、工作、學習，甚至社交互動都受到影響。然而，大部份的數位活動深受國界限制。英國消費者只能向英國企業購買手機通訊服務；他們不能從其他歐盟會員國下載影片；而中小型企業更無法全方位運用網路進行銷售。結果，歐盟數位經濟領域的發展遠遠落後於其他國家：數位經濟活動僅占歐盟經濟總合的百分之四，卻占了美國經濟總合的百分之六與中國經濟總和的百分之七；僅有百分之十四的英國中小型企業能運用網路進行銷售，而我們期望在二〇一五年能提升至百分之三十三；目前僅有百分之十二的消費者進行跨國網購。研究顯示，二〇二〇年時，數位單一市場將為歐洲帶來百分之四的國內生產總值成長。歐洲執委會

預測未來十年內該市場將可帶來三千四百億英鎊的收入，並提供上萬份工作機會。那麼，我們該如何創造數位單一市場呢？

創造電信工會

歐洲的無線寬頻投資遠低於亞洲與美國。而歐洲的設備供應商已面臨中國競爭者的強大挑戰。儘管漫遊法規已大幅改進手機通信服務，但是歐陸手機市場的法規穩定度與訊號涵蓋範圍仍舊遠遜於美國、日本與中國市場。這一切都顯示出歐洲電信產業對單一市場所能創造的機會，毫無架構與想像。由於市場分化，歐洲通信業者很顯然地無法獲得規模經濟的好處。美國兩大電信業者的各別規模，甚至遠大於歐洲三大通信業者的合併總值。這環境同時也對歐洲消費者無益。雖然歐洲也有大型電信業者，好比英國的沃達豐（Vodafone）、法國的橘子（Orange）、西班牙電信（Telefónica）、德國電信（Deutsche Telekom）與義大利電信（Telecom Italia），不過業者們並不想挑戰政府與法規，寧可順應多國市場，並試著從分化市場中獲取些微利益。

英國應呼籲所有的利益相關者——電信管理者、行政部門、銀行家，共同建立歐洲電信單一市場，使之成為通信龍頭，並為產業與消費者謀福。

創造數位單一市場

歐洲，特別是身為數位與創意產業重鎮的英國，必然會從歐洲數位單一市場的完成中獲得好處。歐洲執委會除了對網路便利度與相關基礎建設等議題相當關注外，也非常重視資料保護、專利權、資料安全性與頻譜資源分配等衍生問題。英國正在推動相關法規的現代化，並且必須確保未來將有適當的管制架構，支持並促進跨境服務。建立泛歐洲跨域服務可減少二十八套相異法規所帶來的監管負擔。

英國與其企業必須持續在數位單一市場發展過程中扮演重要角色，形塑全歐通用的市場規範。事實上，英國創造了數位經濟領域的成功典範，而不管哪個政黨上台，都將之視作產業策略中的優先項目。

但是令人擔憂的是，關於數位經濟的總體效應仍舊尚未明朗。二〇一三年英國國家經濟社會研究院（National Institute of Economic and Social Research）發布報告指出，數位經濟為英國所帶來的利益遠較先前推測來的更為龐大，英國國家統計局（Office for National Statistics）曾估計該領域創造約十六萬七千個工作機會，但是據國家經濟社會研究院的估計，至少有五十萬個就業機會來自該領域。

一般大眾認為數位領域企業多為小型新創公司、獲利有限，這恐怕也是錯誤的觀念。相反的，國家經濟社會研究院報告特別強調，該領域涉及各式規模的企業體，其中也包括不少大型企業，此外，不僅倫敦為主要服務範圍，其市場涵蓋範圍遍及全英。此報告書還發現數位經濟為最活躍並且發展最迅速的經濟模式，遠較傳統產業的成長率高了百分之二十二。雖然該領域主要的投資項目來自寬頻建設，但是遍佈全英的小型網路商業模式將學術、創業與創新活動串連起來，並且轉換了企業經營與消費者連結的模式。

英國必須為數位領域發展的領導國家。而唯一可以達成為目標的作法，就是保留英國在單一市場的位置。

3 資本市場

二〇〇八年的金融危機讓倫敦的名聲一落千丈，不過在經過一番修正措施後，倫敦仍舊為歐洲最耀眼的金融中心；她不單為英國提供工作機會與經濟成長，影響層面亦廣及歐陸。

為保全金融領域發展，英國必須留在單一市場內。對跨國銀行來說，英國是否留在單一市場，並且擁有對全歐洲法規的主導權，正是他們在倫敦設置歐洲或全球總部的考量點，

可以說，關鍵就在倫敦對跨國企業是否具備吸引力。據估計，目前英國與歐洲的貿易順差為一百五十二億英鎊。

但是由於英國與歐洲新關係的不確定性，以及歐元區會員國間的銀行聯盟變數過高等因素，對跨國金融、專業服務領域以及其他行業而言，倫敦不會是最理想的總部設置地點。以經濟情勢看來，歐元區的生死對英國而言相當重要，畢竟約有半數的英國商品與服務的出口國都在歐盟。當歐元區國家推動更進一步的金融與政治一體化時，期望英國擁有更完整的歐盟合作政策的呼聲，必然會如排山倒海般地湧來。

我們離創造金融服務單一市場還有多遠？二〇〇九年查爾斯・瑞佛顧問公司（Charles River Associates）所作〈金融部門評估計畫的經濟影響〉（Evaluation of the Economic Impact of the FSAP）報告指出，將會有約百分之九十的跨國零售款項被減省下來。然而，現實仍舊有努力空間。事實上，目前該領域的進展多半與英國的強勢涉入及領導有著極大關係。歐洲金融服務法規的重點項目也以英國相關法作為模型。但是，儘管歐洲金融服務市場持續發展，因其經濟規模的尺寸過小，總體發展仍舊不及美國的一半。

在過去的五年以來，如果歐洲市場規模可與美國市場比擬的話，企業每年應可自資本市場增加至少超過一兆英鎊的收益。因此，對我們而言，現階段的挑戰是透過資本市場聯盟

(Capital Markets Union)發展金融服務市場，這將為英國金融服務業帶來豐沛的機會。基本上來講，資本市場聯盟將可以打破國界之間防止資金自由流動的限制與障礙，並讓資金更有效地被運用與部署。為達此目的，資本市場聯盟可擴張現有商業與基礎建設資金，解決歐洲國家對銀行貸款過度依賴的問題，並為個人與國民年金等提出更多的可能計畫，促進長期性的投資。

我們的目標是為全歐洲製造工作與成長的機會，並創造能更有效吸收震盪的金融體系。由於銀行體系不斷萎縮，因此難以提供經濟擴張所需的資金。況且，銀行也不善於處理金融危機。真正的解決方式為提高非銀行金融的選項，包括股票與債券，並且進一步整合歐洲資本市場。此舉不但能創造關鍵多數(critical mass)[23]，還能降低金融成本，並藉由擴大分母，分散金融震盪的衝擊，轉移銀行資產負債表的風險。

歐洲在穩定G20、金融穩定理事會(Financial Stability Board)與巴塞爾金融協定(Basel financial arrangements)三組織上發揮了關鍵性的作用。英國不只為上述組織的會員國，同時更必須透過實現資本市場聯盟，擴大自己的影響力。或許，銀行與金融市場早已忘記自己的首要目標應為提供並支援全體經濟活動，因而釀成了金融危機。如果資本市場聯盟能夠重新視此任務為主

23. 譯註：又譯群聚效應，用來描述在一個社會系統裡，某件事情的存在已達至一個足夠的動量，使它能夠自我維持，並為往後的成長提供動力。

要目標，並且將急需資金的企業、計畫與投資資金主串連起來，那麼資本市場聯盟將可成為英國所領導的主要經濟組織。

4 科學市場

全球金融危機顯示，為求一個更為穩定並較具競爭性的未來，我們必須多角化（diversification）、分散金融風險。以芬蘭與南韓的可靠研究為例，科學發展確實擁有帶動經濟發展的潛力。此外，儘管美國仍舊堅持「小政府」（small government）話術，但是也早已透過重新歸置公共資金進入創新市場，並讓科技產業達到空前未有的成就。

有許多證據顯示，投資研究與創新確有其必要性。穩健的科學發展將提供報酬豐厚與成長率高的工作。投資科學研究將可解決能源、健康與環境問題，這對於期望創造可持續性未來的政府而言，也是不得不為之的工作。因此，投資科學項目不僅是為了經濟成長，也是為了創造我們期望的未來社會與環境。

歐洲提供了人才能夠自由流動的共同經濟空間，並讓英國足以擴展自己的研究腹地。然而，數年來，英國實質投資的科學預算總額逐漸停滯，甚至成為 G7 會員國中最後一名；反

之，歐洲則逐漸增加預算。英國確保歐盟預算中將有一小筆金額投入在研究、發展與創新項目，其總額約為六十億英鎊，為可分配預算之百分之十五點五，據估計每一英鎊的投資將可為業界帶來十三英鎊的價值。

二〇一四年時，儘管整體預算金額調降，歐盟仍決定將科學預算提升百分之三十，並發展新的七年研究創新計畫「地平線二〇二〇」(Horizon 2020)，此預算總額將近八百億英鎊，並將提供研究者自由流動、進行跨國合作項目、學術商業互動，以及眾多的小型創新事業發展等機會。

歐盟研究預算的意義在於補助與提升國家發展結構，並讓單一國家無法進行的大型計畫如願實行。此外，因為英國研究界的名聲卓越，因此有絕對的影響力左右歐洲議程。歐洲為全世界最龐大的知識經濟體，並具備全球化網絡的連結實力，不但舉足輕重，也對政策監管政策的未來有著直接的影響。英國學者、研究者與學生，可在歐洲極具相容性、整合性高的高等教育架構底下更為自由地流動。英國國際合著論文中更有約有百分之八十的合寫者對象來自歐洲區域。

知識本無國界。對目前日益全球化的社會與經濟環境來說，高等教育的國際化不但是不可避免的趨勢，也有其前瞻性。國際合作與英國研究的品質、競爭性、影響力息息相關，而

英國大學畢業生的就業力，可說是大學成功與否的指標。在此脈絡情境底下，英國與其高等教育界都必須保有其國際性，也因此我們必須維護、衡量與加強英國大學的歐洲參與程度。

結論

現在的英國該重新面對如何領導歐洲的巨大挑戰。而我的結論正是本書最初的論點，運用巧實力與邱吉爾的三環政策，以全新同時也是最古老的方式面對歐洲。首先，擴大單一市場以加強能源、數位、金融與科技產業發展。其次，領導歐洲委員會，並以總體策略整合不同領域的跨國機構，推動全歐洲的民主、安全與經濟發展。邱吉爾曾說，「如果我們接受挑戰，若我們願意為此奮鬥，未來或有可能為人類世界創造安全而幸福的世界，並獲得名聲與感激。」[24]

英國面臨的問題

至此，意味著英國必須結束以往運用於英語世界與歐洲的話術：

- 約瑟夫·張伯倫的三環計畫，因大英帝國的病弱與第二次世界大戰而宣告失敗。
- 邱吉爾的三環計畫，因殖民地鄉愁與領導方針的錯誤而終止。
- 柴契爾的三環計畫，因兩德統一與種族隔離制度遺毒而挫敗。
- 布萊爾的三環計畫，因伊拉克、歐元與憲法而終結。

不過，阻擋我們前進的不光是過去的歷史，真正阻擋我們的，是政治想像與意志的匱乏。外交部對此一針見血，他們認為儘管新的英國觀點長出了骨幹，但是一九九〇年代起始，對話陷入了膠著。英國駐德國大使表示：

24. 理查·戴維斯（Richard Davis），〈邱吉爾「偉大的三環」中的幾何學：是英國外交政策的關鍵，抑或是視覺陷阱？〉（The Geometry of Churchill's "Three Majestic Circles": Keystone of British Foreign Policy or trompe l'oeil?），出自梅拉尼·特宏（Mélanie Torrent）及克萊爾·桑德森（Claire Sanderson）編著《英國權力地位面臨的挑戰：二十世紀的外交政策與外交手腕》（Challenges to British Power Status: Foreign Policy and Diplomacy in the 20th Century）布魯塞爾：藍彼得（Peter Lang），2013，pp. 79–92。

25. 史蒂芬·沃爾，《歐洲的陌生人》，pp.76-77。同「偏見」章節註31。

或許你會認為在瑪格麗特．柴契爾經驗與英國經濟復甦後，我們就會成為歐洲的領頭羊，而歐陸必會緊緊跟隨。很顯然地，結果事與願違。為什麼呢？恐怕是因為英國看起來除了國內市場以外，根本沒有其他目標。我認為英國缺乏的是：視野。我請求政府更進一步地思考英國的對歐政策。科爾曾經和我說，當你參與政治辯論時，腦子裡絕不能只想著當下的戰鬥，你得同時思考下一場戰鬥。25

前駐歐盟與聯合國大使大衛．漢奈爵士（David Lord Hannay）也認同英國缺乏視野的說法，並認為當各別會員國積極爭取自身利益時，往往破壞了歐洲的整體合作環境。那麼，漢奈爵士如何解釋英國逐漸遠離歐洲並深感挫敗的真正原因呢？

他說：

> 我們的問題在於僅只善於反對他者的提議，但卻無法提出更明智的作法。我們真正需要的是點子。如果我們自己能提出更有建設性的建議時，就無須大張旗鼓地反對他人的意見。26

歐洲的問題

對歐盟而言，現狀不可能就這麼繼續下去，此時更應徹底地檢視歐洲計畫的未來可能性。歐盟的基本概念為透過經濟整合減少衝突。透過歐洲的經濟連結，從初始的歐洲煤鋼共同體到後來的共同市場與歐元，其目標皆在於透過緊密整合，讓歐洲境內戰爭從此止息。此經濟計畫隨後促成了更深入的政治綱領，那就是建立歐洲超國家。不過，儘管這聽起來很合理，但以目前在英國脫歐與歐陸分裂的離心力的交相作用下，歐盟確實備受考驗。也因此，我們必須自問：到了今日，我們還願意為怎樣的歐洲未來而奮鬥？

雖然歐盟擁有極強的反省能力，但是對眾多歐洲國家而言，眼前的威脅關乎生死，並非微小的制度修正即可彌補。今日歐洲面臨的所有外交政策困境，都不可能由單一政府所解決。對歐盟來說，英國脫歐會影響合作夥伴、盟友、對手與歐洲公民看待歐盟的眼光，這等結果絕不樂觀。

歐盟確實已就外交、防禦與經濟政策進行統整，但依據皮尤研究中心(Pew Research Center)[27]的

26. 史蒂芬．沃爾，《歐洲的陌生人》，p.77。同「偏見」章節註31。
27. 譯註：為美國的著名智庫，為一間獨立性民調機構，總部設於華盛頓特區。

報告顯示，大多數的歐洲公民對此類大型計畫毫不關心。二〇一一年以來的眾多危機，已經重創了許多會員國與公民的信心。當凝聚力喪失時，歐洲根本無法提出一致的集體性回應。歐洲不需要再一個舒曼，但絕對需要另一個邱吉爾。歐洲組織應該整合並維繫歐洲各國的國家狀態，而非成為建構中央集權政府的推手。

英國與歐洲的解決方案

唯有包含所有歐洲國家在內的泛歐洲觀點，足以迎擊今日歐洲所面臨的艱險。透過不同軸線的北約組織、歐盟、歐洲安全暨合作組織與歐洲委員會，會員國得以參與各種形式與程度的歐洲一體化。然而，如果我們希望達成歐洲的繁榮、安全與民主，那麼所有的歐洲主流機構都必須抱持互相開放的合作態度，行使自身責任，並相信更好的合作方式將能提高各組織的專業效能。

這就是歐洲委員會必須存在的理由——避免歐陸成為過於龐大、面目模糊、官僚化、並且遙不可及的繁雜機器，對於歐洲公民來說，早已無法對空有華麗口號、卻缺乏行動能力的歐洲組織抱有好感。而這也是歐洲公民對民選代表與公僕的期望。

英國不能再被動地對他者的提案表達反對意見。脫歐後的英國應找回主控權。如果英國能找到能共同行動的盟友，也是一法；但是更重要的，英國必須有信心提出歐洲未來的藍圖，建立一個更寬廣、更緊密的歐洲，創造和諧的共同環境。

英國脫歐將會帶來各種可能性。或許這和許多視英國為歐洲一體化障礙的評論者的觀察相反，英國脫歐雖不能帶來更為融合的歐洲，但或可成功阻擋導致分裂的離心力作用。不管對英國、歐洲以及更為廣泛的歐洲安全問題而言，如何在脫歐後保持倫敦、布魯塞爾之間的互信與互惠合作關係，以及確保兩方勢力能得到平等的利益回饋，將會是關鍵的一步。歐洲正處於歷史的交會點，短短的幾年內，倫敦、巴黎與布魯塞爾所做的政治與戰略決策，將會決定了未來的風景。

一九四九年八月，歐洲委員會於史特拉斯堡召開第一次會議時，邱吉爾向在場的上千名與會者發表了犀利的演說：

> 我們在此團結、參與新的議會，我們並非代表各自的國家與政黨，而是代表了歐洲公民們手牽著手、甚至在必要的情況下肩並著肩，一同往前邁進，恢復舊歐洲的光榮。我們必定會達成目標，完成團結歐洲的基礎。歐洲的道德觀將會贏

得全人類的尊重與認同，當我們和平地邁向未來時，將沒有任何人能阻擋我們的堅毅之心。28

英國需要重新來過，歐洲亦是。巧實力政策需要我們以全新想像規劃未來路途。對於分裂的西方世界、飄蕩的英國以及混亂的歐陸而言，唯有復甦邱吉爾的三環計畫並以新架構建立的歐洲團塊，才是解決之道。不管英國脫歐與否，挑戰已然迫在眼前。對歐洲人民而言，我們只能懷抱著過去先驅們的熱情，踏上新愛國主義的途徑，建造而非破壞我們在歷史中的位置。

28. 溫斯頓．邱吉爾，歐洲委員會演說，史特拉斯堡，一九四九年八月。

國家圖書館出版品預行編目 (CIP) 資料

英國下一步 : 後脫歐之境 / 彼得 . 威爾汀 (Peter Wilding) 作 ; 李靜怡譯 . -- 初版 . -- 新北市 : 遠足文化 , 2017.07
譯自 : What next? : Britain's future in Europe
ISBN 978-986-94845-7-2(平裝)
1. 政治發展 2. 外交政策 3. 歐洲聯盟 4. 英國

574.41 106009508

英國下一步：後脫歐之境

What Next? : Britain's Future in Europe

作者—— 彼得．威爾汀 Peter Wilding
譯者—— 李靜怡
總編輯—— 郭昕詠
副主編—— 賴虹伶
責任編輯— 陳柔君
編輯—— 王凱林、徐昉驊
通路行銷— 何冠龍
封面設計— 廖韡
排版—— 簡單瑛設

社長—— 郭重興
發行人兼
出版總監— 曾大福
出版者—— 遠足文化事業股份有限公司
地址—— 231 新北市新店區民權路 108-2 號 9 樓
電話—— (02)2218-1417
傳真—— (02)2218-8057
電郵—— service@bookrep.com.tw
郵撥帳號— 19504465
客服專線— 0800-221-029
部落格—— http://777walkers.blogspot.com/
網址—— http://www.bookrep.com.tw
法律顧問— 華洋法律事務所 蘇文生律師
印製—— 呈靖彩藝有限公司

初版一刷 西元 2017 年 07 月
Printed in Taiwan

英國經典閱讀提案

通識課—11

狄更斯講英國史

查爾斯．狄更斯

文豪狄更斯為兒女講述英格蘭的輝煌歷史。

以詼諧幽默的文學寫作手法，講述英國歷代君王的故事。

瞭望—04．05

學做英國佬①

學做英國佬②

馬爾丁．福特
彼得．里恭

紅遍英國的明信片插畫集，從文化傳統到生活，塞滿不容錯過的英式幽默！

為什麼英國人總是談天氣？
為什麼英國人來酒不拒？
為什麼英國人到了晚上就會變成另一個人？

2017·8月登場

遠足文化